VIDA EM FÚRIA

Trilogia do amor, livro II
Retratos de um amor pela vida

Beny Sch

CLA editora
2013
São Paulo

Edição de texto e coautoria: Berenice Malta e Mariana Gonzalez
Editor: Fabio Humberg
Assistente editorial: Cristina Bragato
Capa: Osires, sobre foto de Victor Soares / dreamstime.com
Diagramação: João Carlos Porto
Ilustrações: Osires
Revisão: Renata Rocha Inforzato

Dados Internacionais de Catalogação na Publicação (CIP)
(Câmara Brasileira do Livro, SP, Brasil)

Schmidt, Beny, 1956- .
  Vida em fúria : trilogia do amor, livro II :
retratos de um amor pela vida / Beny Schmidt. —
1. ed. — São Paulo : Editora CLA, 2013.
  1. Poesia brasileira I. Título.

13-05361   CDD-869.91

Índices para catálogo sistemático:
1. Poesia : Literatura brasileira 869.91

Grafia atualizada segundo o Acordo Ortográfico da Língua Portuguesa de 1990, que entrou em vigor no Brasil em 1º de janeiro de 2009.

Todos os direitos em língua portuguesa reservados
Editora CLA Cultural Ltda.
Rua Coronel Jaime Americano 30 – sala 12
05351-060 – São Paulo – SP
E-mail: editoracla@editoracla.com.br
Site: www.editoracla.com.br
Tel: (11) 3766-9015

Agradecimentos

À Mariana Gonzalez, companheira fiel da composição de *Vida em Fúria*. Menina de caráter, evolução da nossa espécie, brava feminina.

Ao toque mágico do amigo editor mais ilustre que tenho, Ulisses Capozoli.

À Berenice Malta, fiel amiga, incentivadora real da organização da trama da trilogia.

Aos meus filhos, Anita, por me ensinar a embelezar sempre mais meu coração, Jaqueline, por me conscientizar da absoluta necessidade da determinação, e Marco, por me fazer acreditar no ser humano futuro muito melhor, empolgante, bondoso e mágico.

Ao meu pai, que me sorri com amor eternamente, à minha mãe, fiel torcedora e extremamente raçuda, e, é claro, a você, Patrícia, por tudo o que é mais sagrado nessa vida, e a você, Tolsty, por exprimir uma coevolução entre homens e cachorros que ajudará a melhorar a condição humana.

Justificativa
Só para loucos e furiosos

Vivo a vida com fúria. Sem calma alguma. Até mesmo nos momentos mais tranquilos estou sempre, intensamente, a consumir a vida, num processo contínuo e furioso. Ao contrário da conotação que a palavra fúria pode ter, nesse caso quer simplesmente dizer viver bastante. Aproveitar essa chance. Curtir a alegria e o amor. Torcer para que toda tristeza e qualquer melancolia que apareçam possam passar rapidamente.

Tenho muito orgulho do que já fiz. Tenho orgulho por ser raçudo. De nunca ter deixado de lutar pela felicidade, só minha quando criança. Com o passar dos anos, pela família, pelos amigos, finalmente por todos e pela vida de tudo que existe.

Essa jornada tem sido sensacional. No primeiro livro desta trilogia, *Patrícia – Cartas e Versos para a Mulher Amada*, escrevi pelo amor que tenho pela minha mulher. Mas, agora, apesar de amá-la mais ainda e continuar a escrever para ela, faço este livro pelo amor que tenho pela vida. Quem sabe, lembrar o máximo possível de tudo o que pode ser bom. E que isso relembre a muitos de nós que, por viver, já deveríamos estar felizes.

Se alguns humanos loucos e furiosos divertirem-se com a vida, todo o esforço e luta despendidos nessa aventura certamente terão valido a pena.

No meu caso, melhor ainda seria se as personagens dos dois livros ganhassem vida, como na estória de Gepeto e Pinóquio, para atuar com amor e convencer os homens a salvar a Terra e os animais.

Bem-vindos todos os anjos que, irradiando beleza, fazem com que o mal submerja no oceano e mergulhe fundo para se reciclar na alma do bem.

Prefácio
11

Capítulo I – *A pupila negra*
13

Capítulo II – *A praia*
25

Capítulo III – *Os elementos*
37

Capítulo IV – *Jerrow*
57

Capítulo V – *A nossa história*
69

Capítulo VI – *Estranhos palpites*
83

Capítulo VII – *A real beleza da justiça ingênua*
97

Capítulo VIII – *Trabalho e conjunção*
109

Capítulo IX – *Tolsty, a viagem*
119

Capítulo X – *Cromossomos e cachorros*
129

Capítulo XI – *A aventura*
143

Capítulo XII – *A música e o Sol*
155

Homenagem

Às vezes a gente vive e acha que foi tudo em vão.

Às vezes a gente lê um texto inteiro e acha que não entendeu nada.

Às vezes a gente acha que nosso esforço é tão desnecessário que beira o ridículo.

Às vezes a gente acha que nossa voz foi tão baixa que não houve repercussão.

Um dia você flagra uma coisa simples e vê que tudo, cada nada, junto a outras migalhas, faz toda a diferença. A vida, quando não é intensa, furiosa, devastadora e apaixonante, não vale a pena. Talvez sejamos aberrações tão perfeitas que nem o mais puro ser possa perceber.

Beny Schmidt, ao olhar de muitos, um grande médico.

Aos meus: meu pai.

O homem que me concedeu o direito de estar aqui hoje.

Ensinou-me que, quando se vive, em primeiro lugar está o amor.

Que o amor salva até o mais triste, sujo e deprimente sentimento.

A pessoa que não deixou minhas dores se tornarem maiores que minha honra e minha loucura. Que me preparou tanto para as derrotas como para vitórias, mostrando que não existem caminhos sem acidentes.

Mostrou que os sonhos não determinam o lugar aonde você chega, mas produzem a força necessária para tirar você do lugar em que se encontra.

Disse para que fosse fiel ao meu coração e à minha consciência. Se não, teria uma incansável e impagável vida sem paz.

O homem que me trouxe a noção de quanto ter garra, raça, brio e honestidade é importante.

Tão nobre, não por ser meu pai, mas sim pelo seu coração e seus feitos.

Uma pessoa tão especial, intrigante e diferente. Tão intenso... Ainda tento decifrá-lo.

Esta pessoa me traz tanto orgulho e admiração.

Ele faz vibrar a fé e a confiança de que, sim, minha carne é feita de matéria, mas sempre úmida da minha alma.

Penso que ele poderia escrever sobre suas descobertas científicas, sobre seu árduo ofício e anos de trabalho se dedicando a melhorar a qualidade de vida do ser humano.

Entretanto, o que me emociona é saber que dentro deste cientista existe um grande poeta.

E em sua poesia existe uma coisa fascinante: o amor por sua família, e acho que é a isto que esta obra literária se dedica... A coisa mais importante que um pai pode fazer pelos seus filhos é amar a mãe deles.

E isso meu pai fez e faz muito!

Venho humildemente agradecer a você, meu pai, por isso. Por sempre estar ao meu lado, por nunca ter me deixado, por ter me protegido com tanto amor e esperança, por ter sido aquele ombro amigo nas horas mais difíceis, nos momentos em que gritei socorro e você estava lá...

Hoje entendo que a vida não é fácil para ninguém.

Procurar um grande amor na vida e cultivar. Aí, sim, talvez estarei retribuindo uma pequena parcela do que você possibilitou que eu me tornasse.

Obrigada, meu paizinho. Meu paizão. Meu ídolo... Obrigada por todos os valores que você me passou. Espero um dia poder te trazer tanto orgulho como você me traz.

Anita Priolli Schmidt

Prefácio

Conhecer o Dr. Beny, suas ideias e sua história é uma verdadeira viagem pela essência da vida. Não aquela vida em que nascemos, crescemos, procriamos e morremos, mas sim uma vida absolutamente vivida!

Vivendo intensamente sua família, seus amigos, seus pacientes e sua profissão, Beny consegue neste livro, feito como tudo que faz, com muita paixão, dedicação e seriedade, mostrar para todos nós, leitores, uma visão de muita reflexão sobre as pessoas, os animais e o nosso cotidiano. Tudo isso com muitas pitadas de alegria, intensidade e paixão.

Suas palavras fortes, suas ideias firmes e sua visão sobre o mundo são marcas desta obra que, sem dúvida alguma, prende o leitor do começo ao fim.

Mais uma vez inovando na forma de escrever, fato já visto em seu primeiro livro, Patrícia: Cartas e versos para a mulher amada, *Beny dá um significado claro para a palavra fúria. Não estamos falando daquela fúria negativa, de raiva, revolta ou guerras, e sim de uma fúria na intensidade, na paixão e na forma de se pensar a vida.*

Tenho o privilégio de trabalhar e compartilhar momentos da vida com Beny, um amigo, um médico e, principalmente, um mentor sobre todos os aspectos importantes de como viver a nossa vida.

Conhecer Beny e seu trabalho com a reabilitação neuromuscular de muitos pacientes é uma aula sobre a vida, que pode ser explicada com as ideias, histórias e versos apresentados neste livro.

Estamos todos os dias pensando na vida, na família e em nossas carreiras; este livro, sem dúvida, dá um tempero adicional a esta reflexão.

Beny, que você continue salvando vidas, reabilitando pacientes de uma forma quase milagrosa e escrevendo livros e textos maravilhosos que fazem nossas vidas melhores e mais felizes.

Eduardo Terra
Sócio-Diretor da BMP – Brazilian Medical Partners.
Professor do MBA Economia e Gestão da Saúde da UNIFESP
Diretor-Executivo da UBS Escola de Negócios

Capítulo I

Raios de trovão

Naquela meia tarde de verão
O céu inteiro escureceu
Tamanha foi a sua paixão
Que, do zênite, à Terra desceu

Se forem os deuses múltiplos
Todas as almas do Olimpo
Cheias de braços, milhares de octopus
Condensaram-se em raios

Num estardalhaço ensurdecedor
Deu o primeiro sinal
Desta tempestade de amor
Que a natureza possui o canal

São raios de magia
Tão fortes como a poesia
São absolutamente loucos de paixão
São eles, os raios de trovão

A pupila negra

Naquele dia, minha mãe tinha me posto de castigo na antessala, debaixo de uma escada no pequeno quarto escuro. Eu havia aprontado alguma arte. Acho que tinha trocado a nossa televisão em branco e preto por algum brinquedo qualquer com a minha vizinha, só para paquerá-la. Ela se chamava Cláudia.

Devo ter ficado no quarto escuro uns 30 minutos.

Naquele mesmo dia, à tarde, na escola, ainda mesmo sem compreender o porquê, uma das minhas professoras falou alguma coisa a respeito de um certo diabo.

E, na mesma noite, fui visitado por uma pupila imensa, negra, circundada por uma finíssima córnea branca, cheia de vasos vermelhos. Essa criatura estava na entrada do meu quarto.

Eu transpirava muito. Debaixo de cobertas, absolutamente

apavorado, sofria silenciosamente.

Aquilo era o olho do diabo.

Não havia dúvida.

Literalmente molhado, sob o cobertor, por uma pequeníssima fresta eu vigiava aquela porta, fixando aquele olho endiabrado. Ele girava para um lado e, em seguida, girava para o outro.

A cada giro, cada vez que ele passava em frente ao meu quarto, eu me comprimia aterrorizado, totalmente indefeso. Faltavam forças à minha garganta para pedir socorro aos meus pais, no quarto ao lado, tão próximos de mim e tão distantes. Não pude chamar por eles. Não tinha a quem recorrer.

Lentamente, aquela pupila imensa girava e por uma única razão: para me matar de medo.

O que eu poderia fazer na falta de palavras? Para piorar, não podia me mexer, esboçar qualquer movimento. Mas, de repente, assim como por encanto, me lembrei que meu irmão mais novo dormia ao meu lado, graças a Deus, no mesmo quarto!!!

Bastaria respirar bem fundo, levantar e pular para a cama dele.

Foi aí que apareceu outro problema. Apesar da chance de pôr fim ao meu pior pesadelo, por mais próximo que ele se encontrasse, ainda estava distante. Eu jamais conseguiria levantar e pular na cama do meu irmão.

Não sei exatamente quantas tentativas foram. Talvez uma dúzia. Mas sei que todas foram mortais. Jamais me esquecerei daquele olhar. Ele era lento, assustador e, por isso mesmo, torturante.

A certa altura desse sofrimento, outra vez do nada, do nadinha mesmo, pensei em Ana Maria, bendita Ana Maria. Ah! A benditíssima Ana Maria. A doméstica da nossa família. Tão bela, tão linda, tão boa.

Ela gostava de mim de verdade.

Debaixo daquelas cobertas ensopadas, clamei por ela. Rezei por ela. Fiz o máximo que uma alma aterrorizada pode fazer.

E não é que ela apareceu? Acreditem, a Ana Maria apareceu...

– Meu Deus! – disse ela. – Você está todinho molhado. Você fez xixi na cama? Ou não se enxugou depois do banho? Vem aqui, meu querido. Vou trocar a sua roupa e esses lençóis encharcados.

Eu estava salvo, pensava. Apesar de ainda não poder falar.

Não consegui dizer a ela o que eu sentia naquele momento. Mas me lembro bem que nesse dia eu a amei mais que a minha própria mãe.

Ana Maria cuidou de mim, mas, infelizmente, foi embora do quarto.

Então a pupila negra voltou.

Mas então eu já estava recuperado e foi mais fácil. Corri para a cama do meu irmão mais novo. Abracei-o fortemente e consegui me safar dela.

Aquele olho não dormiu naquela noite. Ficou acordado a noite inteira. Mas, ao lado do meu irmão, sobrevivi e continuo vivo, como vocês podem perceber.

Aquilo era o olho do diabo.

Se bem que, hoje, tenho dúvidas se era mesmo ou não.

A negação do diabo

Todos esses anos se passaram. Depois daquele horrível pesadelo, quase meio século após, acho que compreendi que aquele olho não podia ser do diabo.

Porque, convenhamos, o diabo não existe!!!

Toda a maldade está em nós mesmos. Não há tubarões assassinos e lulas gigantes não são horripilantes. É a tortura e o cárcere em que estamos aprisionados que dão forma às verdadeiras maldições que oprimem a condição humana.

Como saber disso é importante, meu Deus!!!

Saber que o mal não vem do diabo. Na verdade, temos todas as chances da vida, de melhorar.

Não podemos nunca perder a esperança.

Porque Deus apostou em nós.

Apostou todas as suas fichas nos humanos e não podemos nos esquecer nunca disso.

Temos tudo aquilo que os outros animais também têm. A perfeição mágica do motor principal da vida, a nossa carne, que gera o movimento, e uma habilidade intelectual, a nossa razão.

Então, é fácil compreender que podemos utilizar tudo isso na busca da beleza.

Nenhum dom de que dispomos é puro acaso.

Nenhum benefício aparecerá para nós sem sofrimento e os homens precisam entender, de uma vez por todas, onde se esconde realmente o mal. E é mais que lógico que o mal não se oculta sob lençóis encharcados de suor, como os que me cobriram naquela noite.

O mal está sob nós, na nossa frente, bem ao nosso lado, compartilhando a nossa própria cama.

Naquela noite distante, para escapar daquele olho, recorri ao meu irmão. Ao amor e à proteção dele.

Para melhorar, o homem precisa disso: do amor, da proteção que o amor oferece à nossa fragilidade de sermos humanos.

Precisamos desenvolver esse olhar. Enxergar nossos semelhantes como irmãos.

Quantos anos estimamos que temos? Quantas voltas demos em torno do Sol? Os cientistas falam de alguns milhares de anos. E a quantos segundos se referem esses milhares de anos comparados à idade da Terra de 4,6 bilhões de anos?

Bem menos que um segundo.

Será que entendemos essa comparação de fato?

Somos quase bebês, recém-nascidos, recém-chegados à Terra, e não podemos perder a esperança de construir um mundo melhor para reverenciar, entre outras atitudes, nossos ancestrais e aqueles que virão depois.

Nesse dia o diabo haverá de sucumbir, soterrado por nosso afeto. Não só na nossa mente. Também nas profundezas rochosas da Terra.

E Deus, onipresente, oniforte, oniamor, continuará sua empreitada. Esperando de nós, os humanos, aquilo que Ele tenha sonhado quando nos criou.

Deus continuará seu percurso sem início, meio ou fim, incólume ao tempo, mas os homens não podem parar. Para os humanos não existe nenhuma parada. A negação do diabo marca uma nova jornada.

Nesse dia, talvez as crianças, as crianças dos adultos, as crianças dos idosos, as crianças que existem nos mais velhos dos velhos das nossas histórias, enfim, todas as crianças, não terão nunca mais de passar pela experiência de uma noite, sob lençóis ensopados de suor por causa de uma pupila negra. Por maior e mais amedrontadora que ela seja.

Todo pesadelo só existirá enquanto houver, dentro de nós mesmos, uma ínfima gota de maldade, dissimulada dentro de nossos corações.

Capítulo II

Na cadeira da praia

Na cadeira da praia
Meu amor bem deitada
A paixão mais amada
Parece uma fada

Na cadeira da praia
Os peixes mais antigos
Falaram comigo
No meio da estrada

Na cadeira da praia
Com as ondas sorrindo
Senti o amor mais lindo
Que o mar irradia

Na cadeira da praia
Meu coração junto à areia
Por amor a você
A mais bela das sereias

A praia

Apesar de não ter perdido 100% o medo de morrer, calculo que perdi uns 99%. O 1% que resta sinto que não é bem um sentimento de perda da minha carne, do cérebro ou da consciência. É simplesmente desconhecer se o amor que tenho pela vida vai terminar ou não na minha morte.

Posso tranquilamente dizer que a vida é tão maravilhosa quanto tomar um sorvete especial. No segundo em que você estava com mais desejo, ele desce pela garganta, bem gelado. Um sorvete cremoso de creme com casquinha de chocolate. Assim é a vida: um sorvete gelado, uma delícia. Se somos merecedores dessa experiência, ah!, isso é outra história. Há momentos, na praia, que sintetizam essa experiência profunda da existência humana. A praia é mais que uma praia. É o encontro da terra e do mar.

É onde, como um dia disse Isaac Newton, colhemos pedrinhas

brancas frente ao grande oceano do desconhecido.

Parecia uma tarde comum. Uma praia belíssima, vazia. Sol ameno. Pouco antes do entardecer, penso em coisas infinitas. Meu corpo já estava queimado e então senti um pouco de frio. Quando, de repente, olhei mais ao fundo e vi aquela mulher que parecia nua!!!

Deitado de costas, aquela foi uma das cenas da minha vida. Imagine uma mulher nua, uma semideusa caminhando como uma humana pela praia, ali na minha frente. Nunca imaginei que os deuses fossem capazes de ousar assim. Mas me faltou coragem. Talvez não tenha me faltado coragem exatamente. Acho que temi quebrar aquele encanto. Quem sabe, vê-la mais de perto, falar com ela, quebrasse o encanto como acontece em muitas histórias mágicas. Fiquei ali, deitado na areia e não me lamentei. O inusitado nos descontrola, atordoa e encanta, traz o real tesão pela vida.

Aquela deusa deitou-se na areia. Permaneceu ali como se fosse tão real como as ondas que quebravam na praia. Quando se levantou algum tempo depois, após mais de duas horas de adoração, nua, caminhando pela praia, eu disse a mim mesmo: ai meu Deus. Obrigado, Senhor!

Não quero ser sumário, definitivo nem autoritário, mas acho que quem não acredita em Deus é um cretino. Ela vai caminhando na praia, distanciando-se de mim passo a passo, decrescendo no horizonte, fugindo como água entre os dedos... aquele bumbum dançando o tango da cobiça. O que mais atrai os animais masculinos são os movimentos femininos. E, passo a passo, cadenciando os movimentos, ela se foi e nunca mais a vi, na praia, no trânsito ou no cinema.

Vou me lembrar dela em muitas vezes. Assim que ela partiu, parecia tudo combinado. Mas uns 30 siris brancos, lindíssimos, dispuseram-se em forma de coração, de uma maneira incrível. Parecia que eles dançavam para mim.

 Brancos, branquinhos, rápidos, muito ligeiros, mas extraordinariamente delicados e perfeitos. Passos rápidos, passos curtos, repouso. Era uma dança. A areia, às vezes, cobria parte dos seus corpinhos. Eles eram realmente tão lindos. E, quando parecia que nada mais aconteceria, chegam as ondas do mar, a banhar a todos eles e a escurecer a areia, como acontece ao final de cada tarde da Terra.

 A água desaparece e se funde com a Terra sob o fundo faiscante das estrelas. Os sirizinhos, sorrindo, voltam a correr e desaparecem por pura magia, mais rápido que meus olhos podem perceber. Deixaram pequenos furos na areia, que também serão soterrados.

 O disco rubro do Sol flutua sobre o horizonte no fim do dia. Apaga então sua luz para que emerja a primeira estrela, que cintila e ilumina parcialmente um pequeno pedaço de areia, antes que a lua acenda seu farol azulado. A praia é tão linda.

 À noite, com tantas estrelas voando lentamente no céu, é possível perceber figuras de todos os animais reunidos em constelações. Elas são pontos cardeais, indicadores de vida e reflexos da Terra, que preenchem o mundo de beleza.

As águas de Marco

Boa parte da água que recobre a Terra veio de muito longe. Dizem que foi dos cometas, verdadeiros animais cósmicos, blocos vivos do céu que viajam em altas velocidades e ardem em luz, quando se aproximam do Sol.

Cometas colidiram muitas vezes com a Terra e nesses repetidos choques deixaram aqui a água que transportavam.

Água que inunda o planeta e cobre três quartos de sua superfície.

Se fosse possível explorar, com a razão, o coração ardente desses portadores de vida, diríamos que viajam pelo espaço, iluminam o céu e trazem a música de fundo original que não continha a princípio nenhum mal e que, talvez, tenha surgido devido a um simples sinal.

Para ser captada e absorvida por ouvidos especiais.

O que é o som, essa música e a vida, senão rastros de cometas?

A água talvez contenha, assim como a Terra, os sussurros e gemidos mais profundos de todas as criaturas vivas: das que já viveram e das que viverão.

Biblioteca apofantisíaca, inexplicável e fantástica. Imagem de beleza e fascínio.

Imagem de água cristalina e divina estrutura num arranjo atômico, o H_2O. Dois átomos de hidrogênio, o elemento mais simples do Universo, e um átomo de oxigênio, liberado no espaço pela primeira geração de estrelas.

A água é antiga no Universo. Talvez a vida também seja assim.

Chance única de sermos resgatados pela profunda beleza que é acompanhar um cometa deslizando noite após noite, contra o fundo escuro do céu, da terra, ou do mar. Talvez, profundamente do oceano de cada um de nós.

Deram-me um tempo extra. Por quê? Por uma razão humana simples? Uma consciência humilde de praticar o bem?

Os deuses que regulam nossas vidas podem realmente prolongá-las com um único gesto divino?

O fato é que sinto que vou viver mais que imaginei. Foram os sonhos que nunca sonhei que me disseram.

Sejam bem-vindos meus novos dias. Seja bem-vindo cada um desses dias.

Vou continuar fazendo o bem, sonhando os sonhos que me pertencem. Com os que ainda não sonhei e com todos os outros que uma noite irei sonhar. Podem estar serenos os deuses de que os dias que me foram concedidos não serão em vão. Nem por um segundo sequer de tempo. Porque minha vida foi, é e será em fúria. Essa é uma condição a que estou submetido. Não é algo que eu possa controlar. É uma marca da alma que nasceu em mim, vive comigo e deverá ser assim até o último instante da minha vida.

Muitas vezes, quando pensei na alma, a imaginava como um líquido que percorria por dentro de mim em todas as direções. E isso não me afligia. Não me sentia invadido, afogado, com a respiração interditada. Nos momentos em que essa inundação interior espalhava-se pelo meu cérebro e rodopiava com a velocidade das águas encachoeiradas, a água literalmente sorria para mim.

Abençoado o dia em que pude vislumbrar que minhas águas interiores sorriam para mim.

Quando me lembro disso, minha memória evoca uma tarde, numa cachoeira, de que ignoro o nome. Ali também contemplei uma água parecida. Ela descia da conjunção de outras quatro, pois que eram cinco iguais às que um dia alçaram ao meu pensamento. Por que, naquele dia, me lembrei dessa água tão antiga, dessa água ancestral?

Pensei, pensei, pensei e, ao final, desisti.

Aquele foi um dia maravilhoso. Foi na frente de um dos meus filhos que me dei conta daquela inundação. Voltando de uma viagem em que meu filho relatava uma visita à Chapada Diamantina. Ele estava tão feliz por ter visto tantas águas precipitando-se do topo de uma cachoeira num espetáculo maravilhoso.

Então, as águas também se revelaram em mim e desde então se manifestam, quando menos espero.

Como um homem pretende ser mais feliz que poder observar a felicidade de um filho seu? Transportando em si a água e sua luz rutilada, que vivem sob as cachoeiras e se abrigam em todos os pequenos pedaços de corpos. Qual a dimensão de vermos um filho nosso feliz... transbordando em água, princípio da vida, e muito feliz?

Capítulo III

Lego

Encaixam-se letras
Talvez duas coringas
Formam palavras
Tão distintas

Encaixam-se elementos
Poucos coringas
Formam moléculas
Geram a vida

Juntam-se frases
Formam-se consciências
Primas de pensamentos
Origem de sonhos

Alinham-se letras, átomos
Elementos e sonhos
Ao ritmo das tintas
Que pintam a vida com paixão

Os elementos

A segunda-feira chegou mais uma vez. Assim como em todas as semanas e todas as manhãs. Essas chegadas contínuas expressam e registram nossa vida.

Teremos que recomeçar mais uma nova semana, que sempre se inicia com um pouco de preguiça, não só para nós. Para todos os outros animais também.

Mas é justamente começando uma luta nova e, carinhosamente, prestando atenção a cada novo minuto de vida, que recuperamos o ânimo para continuar em frente e da melhor maneira.

Talvez pelas manhãs, os próprios elementos atômicos devam demorar também um pouco para acordar e aquecer seus elétrons, acelerando o mundo dos acontecimentos.

Parece claro que, além daqueles descritos pelos cientistas como os mais importantes e frequentes (hidrogênio, carbono, oxigênio, nitrogênio), existam tantos outros, muitos talvez invisíveis ou inimagináveis, mas que, é óbvio, devem ser fundamentais num contexto maior que a razão pode apreender.

Essa noção-razão de que somos uma simples união de elementos e reações é uma ilusão.

As formas também são. Pois não há paradas no processo. Todas as moléculas renovam-se indefinidamente; as configurações infinitas espelham certas formas, mas devemos sempre compreender que elas não passam de ilusão e existem simultaneamente na imaginação.

Muitas se repetem, como se repetem nossos dias ao longo das semanas, meses e anos.

Nesse mar de imagens, surgem dúvidas a respeito de pensamentos e sonhos.

Serão eles simples repetições dos elementos? Essas seriam suas origens?

É verdade, muitos pensamentos e sonhos repetem-se ao longo da vida, mas outros são sempre inéditos, originais, únicos. Mas, se não são oriundos dos elementos, de onde virão?

Talvez venham de muitos outros lugares do corpo. Alguns vêm da carne, outros das conformações ósseas, outros do coração. Talvez, dependa da parte da nossa alma que esteja comprometida com esse tipo de manifestação.

A verdade é que, quando estamos felizes e a alma em paz, os pensamentos são belos e os sonhos são sonhos.

Quando parece que o mundo vai desabar sobre nós, nossa alma fica pesada, preocupada, oprimida. Os pensamentos são ruins e os sonhos, terríveis. Nesses momentos, uma nuvem pesada e escura cobre o céu e impede a visão das estrelas e dos meteoros, verdadeiros palitos cósmicos.

Esse é o mais belo motivo para que nos esforcemos ainda mais em nossos propósitos e talvez seja uma evocação que deva ser feita a cada início de nova semana. A cada segunda-feira das muitas que nos foram oferecidas pelos deuses. Para que esses pensamentos pulverizem a vida com magia e, ao dormir, possamos sonhar um sonho encantador.

Afinal, a vida não passa de um sonho.

Quanto aos elementos, parece lógico que nossos sentimentos interferem profundamente em todos os possíveis arranjos moleculares.

A função dessas pequenas moléculas é especificamente ligada às suas formas e é o carinho com que levamos a nossa vida que realmente as define, nunca o contrário.

O nosso amor pelos elementos da vida reúne átomos e as menores partículas das profundezas de nossos corpos. Assim como Deus, quem sabe, um dia reuniu as estrelas do céu, na origem primordial daquilo que representamos.

O coração de Anita

Texto 1

Anita

Cansada de passos.

Lentos e misericordiais.

Texto 2

Anita

Cansada dos rostos, olhos, vozes e sombras.

O mais minucioso olhar me entedia e me enoja, simultaneamente.

Sinto um enorme desconforto.

Não me encontro em lugar algum.

Travo a vomitar palavras avessas.

E minha voz vai sumindo lentamente, até o ponto em que me esqueço como ela soa.

Não sei escrever, recitar, nem compreender poemas.

Não tenho conseguido sentir o vento, menos ainda o calor dos corações...

Meus talentos estão todos aprisionados e isolados, talvez extraviados. Quem sou eu?

Pessoas fulas, raivosas, estão constantemente ao meu redor.

São vampiros sugadores de sangue!!!

Benditos os anjos protetores.

Os valores se comparam a nada e, quando me iludo com o maldito e utópico sonho humano, minha ambição se contraria.

Não se encontra onde os outros se realizam entupindo de compras suas imensas e infinitas malas.

Eu só quero ser livre e libertar meus talentos, que até hoje parecem míseros e cruéis.

Texto 3

Anita

Amor, a que se resumiria esse nobre sentimento?

Até onde podemos nominar o amor?

Pessoas amam e desamam diariamente, pessoas fingem, impressionam e vivem mentiras dissimuladas e escondidas em seu espaço próprio particular.

O mundo está revirado e corroído.

O velho e sábio poeta disse:

O amor salvaria?

Mas quando ele virá para preencher o mais solitário e duro dos corações?

Solitárias, idosos esquecidos e abandonados, cães famintos, mães sem filhos, políticos corrompidos, animais feridos, homens desonrados, florestas destruídas, migalhas imploradas.

Uma sociedade desgraçada.

Isenta de graça ou brilho, deficiente de amor e compaixão.

Beny

Meu bebê.

Meu primeiro bebê.

A vida se parte e duplica.

Sempre antes e depois do primeiro bebê.

Em cima do meu peito esse bebê vai crescendo, sendo que nenhum bebê pode ser o que seus próprios pais podem querer.

Pois que os bebês já nascem com suas carteiras de identidade.

E, mesmo sendo inúteis, elas são importantes.

Todo mundo tem carteira de identidade, ou seja, todo mundo tem uma carteira.

Pois que a sua carteira de identidade, Anita, nada tem a ver com aquilo que você é, pois que ela não revela ou enxerga o seu coração.

Ela, assim como todas, só transforma humanos em números.

Sinto que estes textos retratam não só você, Anita, mas o sentimento de toda uma geração que vive, neste momento, humilhada e errante.

Perdidos, sem rumo, esperando um final de mundo.

Desiludidos da existência.

Como pode, a menina mais bela da Terra não enxergar sua própria beleza?

E o que dirão tantas outras então?

Pobres crianças abandonadas – não pelos seus pais, muitas vezes. Abandonadas pela sociedade, com suas histórias que não destroem apenas prédios ou castelos.

Mas que desmoronam os nossos espíritos há muito tempo.

Será que todo esse nosso sentimento fará os humanos aprenderem a cuidar melhor de seus filhos da Terra e de Deus?

Para Anita não tem dólar.

Não existe dinheiro.

Nem imposto.

Não há país ou lar definitivo.

Texto 4

Anita

Uma pessoa sem alma.

Fumando um cigarro, um homem, diante dos meus olhos, encarou-me quando veio a escuridão.

Não há tempo, pois sabia que um dia ele chegaria.

Deu mais uma tragada, disposto a oferecê-lo a mim, parado, estático, desprovido de qualquer expressão.

Aqueles olhos profundos e vazios, tão tristes, me fascinaram.

Não sabia bem por quê, mas senti no próprio tempo o desespero presente naquele triste ser.

Continua intacta, apesar de levar o veneno nos meus lábios com uma vontade intrigante de me aproximar e acolhê-lo.

Questionar uma companhia tão rara para, ao menos, dividir seus anseios.

Mas sinto muito.

O homem se levanta.

Com o corpo desprovido de alma, ao mesmo tempo em que a Lua brilha radiante, eu me encontro nesse olhar e percebo, subitamente, que ele partiu.

Texto 5
Anita

Quero viver sem culpa.

Num mundo onde já se nasce estigmatizado e endividado.

(*Que lindo isso, filha, meu Deus.*)

Em um mundo onde uma porcentagem enorme da população vive com centavos de qualquer dinheiro ao dia.

Num mundo em que as florestas são destruídas em troca de energia natural!!!

Não tem escritório

Não tem tanta coisa...

Todas elas uma verdade original.

Absolutamente inúteis.

Não servem realmente para nada.

Afinal, os impostos são marcados para eleger um miserável animal qualquer.

Beny

Anita, minha filha, é uma protetora da liberdade e da real verdade, da própria vida e de todos os seus conflitos. Orgulha-me escolhê-la como personagem porque realmente sei de que tipo de matéria foi feito o seu coração.

Sinto na pele todo esse fardo!!! Querem me cegar, querem que eu abra mão do mais nobre que nos foi concedido, querem que eu abra mão da minha liberdade e da minha própria beleza.

Essa liberdade, só posso senti-la quando estou conectado com o Universo inteiro, com todas as pessoas e a tudo o que existe. Somos mágicos também e nem imaginamos o poder que temos.

Não é de você, Dilma, de quem eu falo. Muito menos de você, farsante deus metalúrgico. Muito ao contrário. Temos atavicamente o poder de curar, amar, mudar, salvar e, sobretudo, realizar.

Nossas doenças surgem periodicamente, quase todas oriundas de nossa própria mente. Filha, eu te amo enorme e eternamente. Você tem toda razão, somos enganados em tempo integral.

Texto 6

Anita

Preenchem as nossas cabeças com fecalidades (*você inventa palavras, meu amor*).

Falsos sonhos irreais.

Desperdiçam anjos nascidos e os fazem tornarem-se zumbis sucumbidos.

A vaidade impera e isso me enoja.

Até quando o ego vai falar mais alto no espaço do nosso interior?

Será que ele não sabe?

Quando ele atingir o ponto mais alto, a ambição mais sonhada, quando atingir o que tanto queria, então, tombará vertiginosamente no vazio e invadirá o espaço.

O vazio se tornará o imperador de todos os nossos sentidos.

Nada que possa nos hipnotizar pode trazer a calma e a paz do que é simplesmente saber viver (*sábias palavras, minha querida filha*).

A felicidade se esconde em um simples sorriso e abraço, beijo ou mergulho no mar. Em um amigo de verdade, em uma pequena brisa, um rosto ou em uma fogueira ardente.

(*Anita, você é uma poetisa.*)

A felicidade não tem *status*.

Nem mesmo bolsos para carregar qualquer dinheiro.

Deparo-me com um mundo extremamente doente.

(*Filha, você é legítima.*)

Talvez tenha vindo a participar dele para resgatar a ideia de um real amor universal.

Todos nós encarregados de salvar o máximo de almas.

Uma incógnita? Onde foi que nós nos perdemos? Onde foi que eu me perdi?

Tento me encontrar diariamente e achei que, com o passar dos anos, as coisas fossem ficar mais fáceis.

Acabei me perdendo ainda mais, virei um simples pontinho de luz em meio a tanta mentira e uma enorme vastidão de escuridão. Sinto-me tola, fula e, pior que isso, inocente perante toda essa merda.

A maldade se carrega comigo todos os dias.

Hoje, vejo que, infelizmente, tão claramente, que está presente em todos os lugares e nos pensamentos alheios.

Beny

Minha filha, sua sinceridade tão transparente iluminou esta manhã.

Puxa vida, nos esquecemos de tantas coisas belas da vida.

Esquecemos até de dar bom dia.

Essa generosidade atualmente esquecida haverá de ser resgatada.

Outro dia, ao estudar vertebrados, em especial a diversidade dos peixes, aprendi que eles são diferentes por interagirem realmente com o ambiente. E, assim, se desenvolveram, como nós também. Somos vertebrados, temos ossos, mas somos de várias espécies humanas diferentes, não importa quantas características em comum possuímos, mas a vida de um texano nada tem a ver com a de um esquimó. Aliás, eu nem sei mesmo o que tem a ver a vida de um texano, xerife de araque, homossexual enjaulado em armários com portas de vidros transparentes. Nunca vou viajar ou nem mesmo por um microssegundo qualquer sonharei ou estarei em Dallas, meu amor. Perdoe-me, comandante Nelson, sobretudo você, Jeannie, a mais extraordinária gênia da garrafa.

Os texanos se alimentam de coisas diferentes. Vivem outras vidas. Podem até ser humanos, ok, mas são de outra espécie, diferentes da minha, minha filha.

Existem, portanto, centenas de espécies de humanos. Esse parece ser o melhor caminho que a ciência pode oferecer para encontrar e resgatar a paz. Quem sabe um dia, um simples belo dia, ao tomarmos consciência da nossa biodiversidade interior, encontraremos tantas propriedades que pensamos termos perdido. Os árabes, por exemplo, são uma espécie única. O libanês não é turco, mas pode ter admiração por um judeu. E daí?

E daí, filha, que eu acho que esse é o real caminho da paz.

Já pensou sete bilhões de pessoas no mundo vivendo em paz. Talvez o ódio humano nasça da falta de reconhecimento intraespécie e, se, por um segundo sequer, esquecêssemos do nosso ego e dividíssemos a nossa espécie em diferentes raças, a paz duradoura, assim como uma fechadura perfeita que há entre uma porta aberta e sua chave de chumbo, libertaria milhares de almas desoladas que moram há tanto tempo dentro de nós.

Estabelecidas as nossas diferenças, alguma coisa me diz que tudo poderia mudar para melhor. Por que não tentar? Afinal, não podemos ficar mais distantes uns dos outros do que já estamos. Apenas a verdade pode percorrer o caminho da real felicidade humana.

Não importa quantas espécies sejamos. Não almejamos unanimidade, bastaria que dentro delas houvesse um único exemplar com tanto amor no peito e que, assim sendo, por não poder contê-lo, transbordasse aos seus vizinhos e inundasse de sonhos o mundo com nossos melhores sentimentos.

Se assim for, minha querida, com o ego obnubilado, enxergaremos nossas veias e artérias em um processo eterno de transformação, que penetra com cada feixe de luz que explode na escuridão. A real beleza, minha querida filha, confunde-se conceitualmente com a própria noção de vida. Somos ao mesmo tempo cúmplices e transformações da vida que se opõs à escuridão outrora eterna. É nossa obrigação, meu amor, embelezar e recriar a vida todo dia.

E assim, como numa roda-gigante, posso e vou sonhar com um mundo um dia sem guerra, num sonho ou num mito descer essa roda e encontrar lá embaixo quem sabe um outro vovô para dizer sinceramente: boa tarde, vovô.

É pedir demais?

Nós sempre poderemos ser mais felizes do que qualquer ontem.

Seremos fiéis e cúmplices das estrelas da noite e do amanhecer.

E quando, como fagulhas dispersas, num imenso fogão cósmico, brilharem, qualquer raça de qualquer espécie humana ou qualquer animal, se compreenderá, realmente, o real valor que a luz contém.

Texto 7
Anita

A desigualdade impera na minha própria casa.

As minhas empregadas domésticas, Matilde e Lú, acordam às 4 da manhã, pegam mais de uma condução para chegar à minha casa, limpar e fazer diversos serviços. Numa casa alheia. Num lar que pertence a outra mãe. Será que devo me encontrar com o falso para descobrir o verdadeiro?

Que horror essas máscaras, todas essas parcerias, nesses falsos amores. Pior ainda são as cumplicidades falsas.

Beny

Puxa vida
Anita, minha filha querida
Perdão,
Perdão, meu grande amor
Eu tentei de tudo
Juro que não devo nada à natureza
Pois que não parei de lutar
Minha vida foi e é ainda
Uma guerra infinita
Só com algumas certezas

É que os anjos, ou qualquer coisa assim
Me acordam e me adormecem
E quando eu estou acordado
Sou um escorpião justiceiro
Que ao contrário de toda a polícia
Não respeita nenhuma lei
Pois que no corpo carrega
Um coração que respeita
Somente e
Firmemente em Deus
E na cauda tem um dardo mortal
Que me protege e que engana meus predadores
Pois que se sabe
Que os falsos amigos costumam matar pelas costas
E, na cabeça, sonho com tantas belezas
Que bastaria tão pouco delas, para que eu entregasse minha vida
Como entreguei a minha própria família
Assim como a você, minha filha,
Meu enorme amor.

Capítulo IV

A bênção do humilde

Maior que tudo
Será sempre magia
Que viu lá no fundo
A humildade
No âmago longínquo
Da alma humilde
Reside uma fada
De coração escarlate
Ambivalente, vai forte e potente
Cheio de fúria
Meu nobre humilde
Salvar seu povo
Do poder da matéria

Jerrow

Era uma vez um anão que se chamava Jerrow. Sua família era imensa. Ele tinha 14 irmãos e sete irmãs. Além dela, sua aldeia continha mais de mil pessoas.

Apesar de imensa, havia um cuidado zeloso por cada um deles. Na verdade, significava que a aldeia era uma família inteira, junta, a de origem sexual, assim como todas as demais.

Viviam em constante perigo, por isso passavam muito tempo escondendo-se entre rochas ou em pequenas cavernas.

Uns por todos e todos por tudo, afinal, seu maior predador era Kondor.

Colossal pássaro escuro, dinossauro, que, com voos rasantes e com garras poderosas, agarrava dois ou três anões para cada banquete seu.

Os anões da aldeia realmente sentiam horror de Kondor.

Diziam eles: não morreremos de morte boa, diante de tamanho sofrimento e tão lentamente, sabem por quê? Porque o espírito não consegue evaporar-se da carne morta e da alma. Desta forma, traduz o real significado da dor.

Jerrow era o máximo. Muito, muito forte. Podia tanto alcançar o topo de uma grande árvore em segundos como correr em fuga alucinada a 25 km/h!!!

Nessa aldeia, os humanos tinham um cérebro enorme e não possuíam mandíbulas protrusas. Forte poder de pensamento e alguma telepatia. Eram melhores que nós, de agora.

Certo dia, Jerrow foi visitar outro povo, bem diferente. Não pela altura ou força.

A diferença é que era um povo guerreiro.

Não tinha o mesmo amor pela vida que a aldeia de Jerrow. Despedaçava suas caças, muitas vezes pelo simples prazer de caçar para matar.

Mas Jerrow, em meio àqueles malvados anões, encontrou a mais bela anã que já tinha visto em sua vida. Tão pequena e tão meiga, sentiu-a indefesa.

Jerrow, por telepatia: "como pode tão bela menina pertencer a uma sociedade tão feia, abúlica de dar profunda pena?".

Seus olhos enormes pareciam devoradores. Mas no coração havia imenso amor, que poderia, inclusive, preencher os corações de seus colegas. Bastaria que eles estivessem apenas ligeiramente abertos para recebê-lo.

O motivo da viagem de Jerrow e de seus amigos era, justamente, o rapto dessa pequena e bela anã.

O rapto de Rena repete a nossa história. Assim como o rapto de Helena, é a ressurreição de um mito num ciclo infinito entrelaçado entre tantos outros.

Iria arrancá-la daqueles anões cruéis e violentos.

Na nossa realidade, até aquele instante, Jerrow nunca nem mesmo havia falado com Rena. Aliás, nunca nem mesmo a tinha visto.

Jerrow era melhor até que Dom Quixote, com uma enorme diferença, pois tinha o poder de comunicar-se telepaticamente com extrema facilidade com ela.

Essa telepatia, diziam os anões da aldeia, estava intimamente relacionada à beleza translúcida e verdadeira que pode conter o coração de um anão!!!

Sem verdade, não haverá nunca telepatia.

Jerrow, além disso, sonhou certa noite com ela. Foi assim que a pôde ver melhor ainda. Pois que nós só podemos realmente enxergar a beleza das cores e das formas no espírito no sonho.

Segundo Sendi, Jerrow era louco.

Segundo Pô, Jerrow era muito louco.

Seus amigos diziam: viajar tão longe, com tanto perigo, à procura de um sonho.

Como pode um anão ser assim alucinado?

Jerrow procurava dizer a Sendi e Pô, seus melhores amigos, que, certa vez, no topo de uma grande colina, presenciou os anões de Rena trucidarem dezenas de humanos que estavam perdidos e se aproximaram da aldeia. Mataram-nos sem nem mesmo serem antropófagos.

Será que mataram somente por proteção ou segurança?

Acho que não, disse Jerrow.

Mataram porque os anões de Rena apreciam demonstrar força física. Naquela época, pude perceber, claramente, que, além de a maldade estar no interior de nós, os mais brutos tendem, sempre, a ser os mais violentos.

O bom foi que, naquele dia, Jerrow disse que, em cima daquela colina, pressentiu a presença de Rena entre eles.

As viagens daquele tempo não eram de primeira classe. Os anões não comiam caviar, nem tomavam champanhe, não havia televisão, nem mesmo telenovelas. A vida era muito mais agarrada à terra e infinitamente mais bela na sua concepção.

Mas Jerrow foi na certeza de raptar Rena e enviar seus anões ao lago que os pariu.

Jerrow é um belo exemplo de tentativa humana. Sobre-humana e bela. Assim como tantas outras houve na Terra.

Após a longa viagem, protegidos pelas constelações, pelas estrelas que os guiavam e cometas que o céu iluminavam, Jerrow, Sendi e Pô chegaram ao seu destino.

Um lugar sinistro, mas com um aroma maior que o espaço que os continha.

Foi com esse perfume que, instantaneamente, Jerrow e Rena encontraram-se.

Foi através do cheiro dela.

Era ela, Rena.

Como pôde isso acontecer?

Ela assim, como quem sabe, Dulcinea del Toboso, estar a lhe esperar do nada.

Sente-se o amor mágico enaltecendo a vida, naqueles que se amaram tanto, até que finalmente se conheceram.

Naquela noite, Jerrow e Rena não adormeceram.

Foi muito fácil raptá-la, pois é sempre mais fácil o rapto de alguém que não ama o seu lugar.

Jerrow e Rena existiram muito antes de existir. Jerrow foi viajar num sonho e Rena sonhava em para bem longe dali poder viajar.

Muitas tentativas a vida fez.

Até esse dia, conseguiu aliciar os melhores anões da Terra, para amar e espalhar tamanha emoção.

Como podem hoje os homens achar que o discurso e a razão possam ser mais sérios que os nossos sonhos?

Como foi bom para mim criar Jerrow e Rena, um mundo de anões super inteligentes, telepáticos, numa época remota, repleta de sonhos.

E foi amando tanto assim a vida e pensando em Deus que os anões puderam se tornar eternos contos de fadas.

Ninguém fala nada, muito menos da guerra

Nossa televisão de tanta audiência mostrou uma artista. Enfeitiçada, comprada ou sei lá o que, ensinando um ladrão a entrar nos lares das famílias para roubar, torturar, amedrontar e humilhar!!!

Como é que pode?

Será isso mesmo uma telenovela? Ou será uma peça de teatro? Ou será o ser humano a expressão cristalina do mais vil animal da Terra?

Ensinar ladrões a invadir moradias, enganar porteiros ensinando-os a trocar placas de carro, invadindo a privacidade da casa e da família!!!

Estamos realmente próximos de ensiná-los a matar!!!

Afinal, como poderão esses ladrões deixar vestígios dos seus atos e ninguém falar nada?

Pior que isso, no dia 27 de novembro de 2012, a mesma TV ensinou o homem a estuprar uma menina, (a novela chamava-se Salve Jorge).

A mídia tornou-se maldita, dissabor imediato, amante do sucesso efêmero, como se não houvesse problema em ensinar a roubar, estuprar e matar.

Essa mídia já nasceu morta. Aliás, esses mortos não serão lembrados e não virão nos questionar.

Será esse o destino da TV?

Nós, humanos, assim como todos os animais, somos imitadores dos gestos dos nossos pais e das experiências vividas!!!

As crianças espelham-se no que veem!!!

Não são somente os pais que devem caprichar na vida íntima, mas a mídia não pode mostrar violência, morte e hipocrisia as 24 horas de cada um dos dias!!!

O que é que de bom nossos filhos terão para imitar?

Mostrar tamanha miséria gera tristeza e maldade.

Não foi para isso que nasceu a tecnologia, tenho certeza. Logo mais a violência haverá de cansar o olhar mais fúnebre que alguém pode ter. A hipocrisia irá cansar o mais calejado coração da Terra. Desse cansaço, com fé em Deus, quero acordar daqui a cem anos e ver nosso esforço reciclado.

A maldade é efêmera.

Meu neto, com um celular no pulso, voltará a ver algo parecido e melhor ainda como Bonanza. Quem sabe também se lembrará de voltar a olhar para o céu e refletir sobre a vida iluminada pelas estrelas e tantos astros que esconderam a escuridão.

Que um dia ninguém precise falar nada.

Que estejamos melhores, com orgulho de lutar por simplesmente viver, aproveitar a tecnologia da TV para abraçar estrelas da galáxia mais distante e mostrar a real suprema beleza.

No lugar de ladrões, milhares de corações avermelhados.

No lugar de invasões de privacidade, bilhões de gestos de solidariedade.

No lugar de assassinatos, trilhões de novas estrelas e de novos animais.

Assim vou sonhando com a TV do futuro, que poderia causar em nós também profunda reflexão sobre as guerras.

Para qualquer observador cósmico, nossas marcas mais profundas, infelizmente, são as guerras.

Nos domínios da razão, nós, que temos tanto medo da morte, poderíamos tornar nossas vidas extraordinárias como são as dos outros animais.

Poderíamos apagar na Terra essa marca sinistra da guerra.

Atualmente, as guerras são a máxima expressão da covardia, morrem mulheres e crianças desarmadas e inocentes.

Antigamente, sem a pólvora, até mesmo as guerras de espada podiam formar heróis que participaram da nossa própria evolução.

Mas, hoje, realizamos filmes de terror e praticamos maldade em tempo real, torturando o espírito humano. O sério controle de natalidade.

É vital para a esperança, a Terra é finita e só sustenta um determinado quantum de vida.

Não deveríamos mais deixar nenhum jovem ser levado a qualquer guerra.

Essa guerra está, na verdade, na origem, dentro de nós mesmos.

A paz nunca foi uma utopia, é só nossa a responsabilidade de lutar pelo seu resgate.

Capítulo V

Na tela do meu pulso

Viajando com cometas e asteroides
Com felicidade extrema
Curvei o braço
E beijei meu pulso

Em volta dele
Havia uma tela
Repleta de imagens
Que registravam minha passagem

Fiquei tão maravilhado
Que por um momento não pude saber
Enxergar as estrelas sob o cometa
Ou o interior do meu pulso

Mas o registro do fantástico
Não pode ser maior do que vivê-lo
Sem me confundir, hei de sempre preferir
Uma viagem em meio às estrelas

A nossa história

É obvio que não há tempo definido no processo da vida. Mas, numa certa hora antiga, há uns 600 anos, matávamos as melhores e mais belas mulheres do mundo no âmago das suas juventudes, queimadas nas fogueiras, decapitadas, torturadas, açoitadas, apedrejadas, acusadas de bruxaria ou de alguma outra coisa reles qualquer.

Antes disso, romanos no Coliseu fatiaram a carne humana para gerar risos de prazer a tantos homens e tantas mulheres. Malditos, esses humanos.

Na verdade, os humanos, até agora, sempre foram os mesmos. Tomara que percebamos isso por sermos jovens perante essa infinita história. Será, entretanto, que esses assassinos e esses espectadores são iguais entre si e a todos os outros?

Ou esses humanos pertencem a espécies diferentes?

Afinal, quem cria as classificações, origens e cladogramas somos nós mesmos!!!

Somos todos iguais?

Não importa o que nos diferencia dos assassinos.

Talvez o que importe mesmo é enxergar essa diferença.

Existe um mundo composto por não assassinos que podem sonhar com utopias reais.

Assim como uma terra sem guerra.

A compreensão disso é fundamental.

Não importa se alguns poderão se julgar melhores que outros.

O importante é que saberão que, sob algum ângulo de vista, são diferentes entre si.

Puxa, não seria esse o real caminho da paz na história humana?

Caberia a essa mesma história, em um mundo encantado, chamar a razão para definir longe das leis e da política as questões territoriais pendentes da atualidade e, acima de tudo, de nossa espiritualidade.

Essas questões territoriais pendentes são muitas, mas não são centenas.

Talvez as leis e a política não sejam uma maneira inteligente que os homens encontraram para viver em sociedade.

Sempre podemos fazer algo melhor.

De certa forma, talvez, incrivelmente, já tenhamos feito isso anteriormente, embora não possamos nos lembrar.

Basta refletir que a Antártida, no passado, já foi uma floresta.

Não parece óbvio que ela voltará a ser uma nova floresta no

futuro?

O reconhecimento profundo das etnias talvez já tenha sido o ciclo do real mundo da paz.

Assim como não deveríamos nos preocupar tanto com a morte, pois que esta só existe quando não estamos vivos, muito melhor seria aproveitar a chance da vida e simplesmente desconhecer qualquer tempo, tamanho ou significado. Marcando a história e deixando uma cicatriz na eternidade, invisível, de profunda beleza, iluminada por um simples pequeno bom coração.

De certa forma, a beleza é com certeza o real motivo de tudo.

A história jamais será uma mera sequência de fatos.

Existe, sim, alguma coisa atrás disso. Registrando tudo ou tendo o poder de mostrar tudo eternamente presente, marcar nossa passagem como os heróis da Antártida, por exemplo. Que no gesto mais profundo humano refletiram nobres faróis que iluminaram suas almas em situações tão infernais para resgatar amigos perdidos nas profundezas de geleiras.

Gestos impossíveis de serem praticados por almas covardes.

Porque o perene ainda não escolheu esses momentos para a gente sempre poder se lembrar de coisas boas. Ah, a nossa história...

Por mais que circule e volte sempre ao mesmo lugar, sempre se renova e engrandece o princípio primordial.

Talvez os físicos tenham razão. A física será sempre inexplicável.

Mas é óbvio também que não será por isso que nós, humanos, não perderemos jamais a vontade de explicá-la em nossa luta de procura da origem que, às vezes, machuca a própria bondade.

Peço a Deus que essa chama permaneça sempre acesa.

Camélia

É no ápice de todas as coisas que se concentram os milagres.

No Ártico ou na Antártida, estão as cores mais belas e na Terra inigualáveis.

Era o fim de uma noite que durou seis meses. E o dia que amanheceu após longa espera é sempre especial, uma efeméride.

E, naquele dia, nada do que aconteceu foi diferente.

Num azul indecifrável, espalhado num corpo imenso, vivo, repleto de poesia, tamanho e bondade, ela, Camélia, iria acordar.

Um enorme pedaço do oceano começou a se agitar. Era hora de partir.

Camélia estava grávida. Seu namorado, safado e brincalhão, tinha muita fama. A maior e a mais bela e veloz baleia azul da Terra, talvez tenha seu nome alguma coisa ver com isso: Jasperon.

Espantado, logo bem cedo ele perguntou:

— Aonde você pensa que vai com tanta pressa? Você não quer comer alguma coisa antes da sua viagem? Que tal alguns camarõezinhos deliciosos, dignos de um *breakfast* de uma baleia azul real como eu?

— Não, Jasperon. Eu não posso perder tempo algum.

— Sabe, amor, sinto dentro de mim que você me deu uma menina, que tem os olhos mais meigos de todo o Universo. O mundo, meu amor, anda meio estranho.

— Noutra noite, perto do nosso próximo dia, estava eu a bisbilhotar o céu e pude ver certa espécie de areia negra voando pelo ar!!!

— Sabe, Jasperon, parecia uma areia de algo terrível que aconteceu tempos atrás com nossos irmãos.

— Camélia, por favor, lá vem você de novo com alguma encanação. Você não entende, a Terra é Gaia, nada pode contra ela. Nada. Você me entendeu?

— É, Jasperon, eu acredito e te amo, mas alguma coisa, tenho certeza, está acontecendo e eu não quero me arriscar. Vou partir agora.

— Quero águas bem quentinhas para o meu *baby* nascer. Nem sei que nome vou lhe dar.

— Jasperon?

— Que foi, meu amor?

— Qual seria o feminino do seu nome?

— Talvez Jackie, querida.

— Pois assim será. Parto amanhã, ao amanhecer, para dar à luz numa terra distante. A menina que levará seu nome feminilizado, sua velocidade, sua luz, sua força e, acima de tudo, sua eterna bondade.

— Eu vou com você. Posso ir?

— É claro que pode.

— Posso levar dois amigos?

— Por que não?

— Negócio fechado. Eu, Trimus e Docos te acompanharemos para te proteger.

— Jasperon, meu amor, nós somos baleias, não precisamos de proteção. Somos os maiores seres marinhos da Natureza, nossa bondade ultrapassa a quantidade de água que existe no mar, que vive conosco e nos faz realmente voar dentro dele, assim como voam no ar aqueles bichinhos chamados passarinhos que não param de cantar.

— Não, Camélia. Eu também tenho *feelings*. Essa sua viagem não é isenta de perigos. Iremos eu, Trimus e Docos aonde você nos levar. Que Jackie nasça no melhor lugar do mar que você encontrar.

E assim partiram os quatro.

Uma viagem de quase 10 mil quilômetros, que fizeram e fazem todas as baleias durante milhões e milhões de anos, enormes mamíferos que viajam dois terços de cada ano praticamente sem se alimentar para, no fim no ciclo da vida, apenas uma Jackie nascer.

Essa viagem, na verdade, nunca foi cansativa para qualquer baleia, visto que consiste no seu próprio hábito sagrado de vida, e que nasceu com elas.

Após dois meses e meio de viagem, como previsto, chegaram. É incrível como podem essas baleias e tantos outros seres do mar em peregrinações, pinguins e golfinhos, encontrarem seu destino guiando-se no meio da noite, sob o brilho de estrelas tão distantes.

Foi então que algo estranho aconteceu. Trimus e Docos não pareciam muito bem. Até mesmo Jasperon não estava, por assim dizer, na 'ponta de suas barbatanas'.

Camélia ficou muito apreensiva e, de repente, no meio do dia, em meio a profunda dor e sofrimento, os três morreram ao mesmo tempo. De suas imensas bocas, as águas pintaram-se de vermelho, num raio enorme de centenas de metros, o mar assumiu a cor da morte.

Mas Camélia tinha uma certeza que era maior que a própria morte, a certeza da vida que continha dentro da sua barriga. E, apesar de tamanha dor, continuou.

Disse para si mesma que esclareceria tudo na sua volta, custasse o que custasse.

Alguma coisa aconteceu. Como podem morrer três baleias ao

mesmo tempo?

Não havia arpões, nem mesmo homens de olhos puxados com seus tanques assassinos que ela ouvira dizer, chamados de baleeiros.

Faz muito tempo que nós, baleias, aprendemos a fugir desses homens. Mas como foi que eles morreram?

O tempo passou.

E foi num mar quentinho que Jackie nasceu, enorme, quase quinze metros de comprimento, fortíssima, belíssima e completamente azul.

No seu primeiro olhar, a Terra, o céu e o ar ficaram, por um momento, pirados e hipnotizados em frente a tão bela baleia azul. E foi diante de tamanha magnitude de beleza, que já exalava por todos os lados uma incrível bondade, após dois meses da mais forte amamentação, que Camélia contou a Jackie tudo o que sabia e que no caminho de volta deveriam investigar a morte de Jasperon, seu pai, assim como de seus dois melhores amigos, Trimus e Docos.

– Sabe, Jackie, os homens não sabem. Mas as baleias podem falar. Na verdade, os homens não sabem, porque os homens não sabem mais cantar. Enquanto nós, baleias azuis, só podemos falar cantando. É assim que conseguimos viver por milhões de anos.

Imediatamente, Jackie tomou a posição de sua mãe e prometeu somente retornar com a resposta definida.

Chegaram, então, ao ponto onde, na viagem de ida, aquele acontecimento triste havia ocorrido.

Começaram a nadar em círculos com os olhos bem atentos. Acionaram seus ecolocalizadores extremamente sensíveis. Perscrutaram o mar, como perscruta uma baleia azul ao mergulhar.

Mas não conseguiam entender e não sabiam por que,

exatamente, o que aconteceu e nem mesmo o que procuravam.

Então, de repente, algo lhes surpreendeu. Peixes de aço sangravam água negra no meio do mar.

Camélia abriu ligeiramente sua bocarra, engoliu apenas três ou quatro mil litros daquele líquido.

— Bah, bah, que coisa funesta. Que coisa horrorosa.

— Foi isso, disse ela à filha. Foram esses peixes de aço que mataram nossos irmãos com essa água negra, ao contrário daquelas armas que destruíram tantas baleias no passado.

— Mas de onde vieram essas águas negras? O que elas significam? Parece que não vão nos destruir.

— Elas não são navios industriais, baleeiros a nos esquartejar em pó.

— Pois, repito, elas não parecem que querem nos devorar. Elas não são daqui, com certeza vieram de outro lugar.

— Vamos, Jackie. Vamos avisar todas as baleias sobre esses malditos peixes de aço que expelem águas negras.

— Vamos protegê-las. Rezaremos a Gaia, ela é nossa esperança.

Milhares de quilômetros longe dali, seres humanos chamados de econaturalistas, estavam a diagnosticar a morte de Jasperon, Trimus e Docos, num serviço chamado de atestado de óbito.

O diagnóstico foi: hemorragia digestiva química por derramamento de petróleo. Eles, esses nobres humanos econaturalistas, lutam até hoje pelo fim da caça às baleias. Pelo fim da exploração dos polos da Terra. Porque eles sabem que, ao explorá-los financeiramente, é tão óbvio, chegarão ao fim de suas próprias vidas.

Mas o pior não é isso. Porque o fim não é nada. Afinal, tudo tem um fim.

Gaia vai acabar vencendo e transformando toda essa porcaria.

Pior que isso é o sinal fatal, a marca que deixaremos na história universal, uma mácula na vida humana que nos transforma no pior animal da Terra. Levaremos outros milhões e milhões de anos para sermos perdoados e termos permissão para desfrutar do paraíso de Gaia.

Morreremos todos nós de hemorragia digestiva química.

Cabe a vocês, cabe aos nossos jovens, uma atitude que possa tentar diminuir essa cicatriz.

Quando Camélia e Jackie chegaram ao mar antártico para continuar seu ciclo como verdadeiros anjos do mar, elas voltaram a nadar em círculos.

Nadaram profundamente e pediram ao seu Deus antigo, Poseidon, para dar um jeito nisso.

E elas me contaram outro dia.

Que ele vai dar.

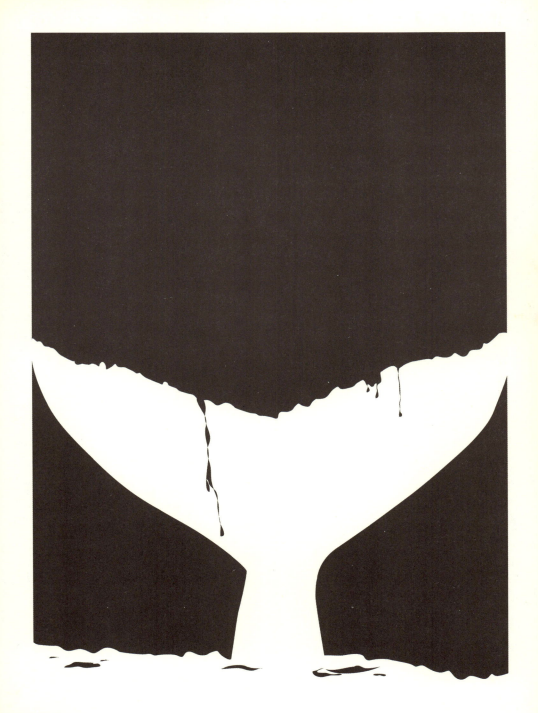

Capítulo VI

Descem os pesadelos

No negro da escuridão
O espírito arrepiado
Sente o frio do céu
E treme no coração

Repleto de fantasmas
Com rostos deformados
São almas ambulantes
Em um universo congelado

São eles os pesadelos
Paralisam a vida
Hipnotizam o céu
Congelam a terra

Mas na semente do mal
Enxerga-se na outra ponta
A reflexão da luz
Que ilumina o bem

Estranhos palpites

Meu amor, você adora dar palpites. Todas as pessoas fazem a mesma coisa. Mas essa nossa característica parece que não tem nada a ver com um estudo pregresso sobre um determinado assunto, nem mesmo um filme que acabamos de assistir, enfim, os palpites não parecem ter origem nem mesmo nos nossos pensamentos.

Eles jorram simplesmente como tombam as águas nas cachoeiras.

Às vezes, eles são realmente estranhos.

Desprovidos, absolutamente, de um mínimo de razão. Por exemplo: fonte de energia – a maioria das pessoas está dando palpite sobre energia, dizendo que jamais optariam pela energia nuclear!!!

Oh, mas como é que podem nascer tais palpites? Parece que todos que nesse exemplo palpitam desconhecem o real significado do sol e das estrelas.

Meu amor, nossas estrelas, assim como o sol, são nada mais que infinitas bombas atômicas. Uma imensidão daquilo que chamamos de fusão de, entre outros, átomos de hidrogênio.

Estranhos palpites.

Por que simplesmente decidimos muitas vezes por isso ou por aquilo? Será que se incrustam em nós recordações de catástrofes nucleares, mortes de civis geradas pela hipocrisia de certos homens sem valor algum?

Será que, por outro lado, pode haver palpites desprovidos de história?

Serão os palpites simples recordações atávicas, cíclicas, dentro de uma lógica complexa? Reflexos de uma vida humana? Espiritual?

Será que as pedras têm espíritos?

Será que os espíritos observam-nos peremptoriamente sem absolutamente nos incomodar?

Por pura fisiologia?

Estranhas são as origens dos nossos palpites. Será que os animais também palpitam coisas sem indícios de sinceridade?

Ah, meu amor, se isso fosse verdade, sempre preferiria dar ouvidos aos outros animais.

Diga-me, amor, qual é o outro animal que mente? A não ser para preservar sua própria vida, com uma camuflagem, por exemplo. Mas veja bem, isso não é uma verdadeira mentira. É a luta que simboliza a vida.

Aliás, cada segundo, cada momento, cada respiro, cada suspiro jamais será igual a outro qualquer. Tudo será na vida sempre nobre e, de alguma forma, original.

A nossa consciência ainda não é plena. Somos recém-chegados na Terra.

Temos a tendência cada vez maior de usar a razão e esquecemos outras faculdades da mente que certamente são também fascinantes.

A imaginação, por exemplo, sacaneou o nosso maior cientista, Albert Einstein. Ora, meu amor, a imaginação é quase infinitamente mais veloz que a luz.

Ela expõe a infinidade do pensamento.

Veja bem, Patrícia, o infinito não vale nada, ou vale tudo.

Não, isso não é essa moda que se chama agora física quântica. Todo esse quântico pode ser membro do apofantisíaco, assim, é muito mais fácil acreditar que duas coisas podem estar no mesmo lugar, ao mesmo tempo.

Não, amor, os palpites não vêm do nada.

Assim como os acontecimentos, eles não podem não valer nada.

Não se trata de meras oportunidades.

Mas, no mundo da razão, toda a oportunidade tem origem no coração. É lá que se esconde sua engenharia.

Assim são os palpites.

Um dia, alguém vai poder dizer que a partir de hoje qualquer palpite que dê, eu pelo menos a você, meu amor, seja um jato consciente do que estará dentro dele.

O passado, o presente e o futuro estarão sempre juntos.

Pois estranhos são os nossos palpites, cuja origem, quem sabe, é que sejam primos de alguma forma do instinto, posto que ambos caminham na mesma direção.

Gato preto

Imaginem caldeirões cheirosos. No crepúsculo da tarde. Mulheres seminuas com pás imensas a girar um caldo amarelado de sabor inimaginável. Estavam à beira-mar. Era uma pequena tribo. Uma de suas crianças adoecia sem parar. Esse era o motivo verdadeiro do ritual. Os homens, entretempo, dançavam e cantavam ao som de flautas, tambores, batuques e chocalhos, criando um final de tarde mágico.

O chá, depois de pronto, foi oferecido não só à pobre criança doente. Mas a todos na comunidade. Como é que pode, hoje em dia, essa prática de cura, essa medicina milenar, não valer nada e ser considerada simplesmente feitiçaria? Será mesmo que durante milhares de anos todos esses rituais não significaram nada? Pobres homens modernos com sua medicina farmacêutica corrupta, que castiga não só os animais como pobres negros africanos, hispânicos. Medicina mercenária e cruenta. Que força a investigação de tanta gente saudável. Quanta ignorância.

Se a televisão mostrar, ah, o povo haverá de acreditar. Se não sair na TV, não há nada que valha a pena saber. É bom que o cientista repita que jamais, em tempo algum, em lugar nenhum, na Terra ou no céu, as plantas preparadas vivas, ou logo após a sua coleta, serão suplantadas, em benefício à saúde, pelos medicamentos processados por qualquer indústria farmacêutica que seja. No fundo, elas são todas iguais.

Cientistas corruptos. Vigilância sanitária comissionada. Homens sem rumo. Tristeza e solidão nessa tempestade de tanta informação. Não haverá futuro longo para nossa espécie, qualquer otário pode deduzir: a Terra simplesmente matará a todos nós. A não ser que a humildade volte a reinar no fundo da pátria do coração da nossa espécie nesse planeta. Apenas assim, ao lado dessa humildade, é que aquela mágica antiga, na qual chás de caldeirões protegiam a nossa vida, pode nos poupar também para que tentemos viver junto à natureza até o seu próprio fim.

E é exatamente sobre a natureza e a mágica a história que eu vou contar agora. Ela realmente aconteceu!!! Alguém vai acreditar?

O Gato Preto.

Eram cinco horas da tarde. Estávamos em Londres, naquele parque maravilhoso, o Hyde Park. Junto a dois amigos, fui correr um pouco em volta de um daqueles lagos. Passo para cá, passo pra lá, sorrisos, gargalhadas, estávamos passeando, correndo, experimentando toda a juventude e o clímax que uma vida jovem pode conter.

Foram três voltas.

Primeira volta.

Perto de não sei qual avenida, avistei, sentada num banco, uma mulher tão linda como nunca havia visto antes. Seus cabelos eram longos, de um preto noturno. Ela olhou para nós naquele instante e seus olhos, nossa, eram da cor de um caramelo impossivelmente claro. Sua boca, enorme, também chamava atenção. Os lábios eram grossos e rosas. E o nariz era realmente uma obra de arte, combinava naquela foto como os pés se encaixam nas nossas pernas.

Diante dessa beleza, um arrepio pelo corpo passou por nós três. Avistamos em seu colo um enorme e sinistro gato preto. Não paramos de correr. Nessa meia volta, começamos a conversar sobre o que era aquilo em primeiro lugar. Se ela tinha nos visto. Quem era ela e, acima de tudo, quem era aquele gato?

Segunda volta. Ela ainda estava lá. Dessa vez, observei suas longas pernas brancas sob um vestido negro. Ficou claro naquela hora que ela olhava para nós. Foi aí que aconteceu. Ela passou a mão esquerda pelos cabelos e nos ofereceu um sorriso. Não, não foi um sorriso. Aquilo foi uma passagem para se ter um sonho. Logo após, recomeçou a acariciar aquele gato que, deitado em seu colo, ainda não nos tinha observado.

Suas mãos desciam pelos pelos num ritmo que não era humano. Não posso dizer que era em câmera lenta porque não era. Apesar de ser muito devagar. Suas sobrancelhas, nessa hora, sobressaíram-se mais negras e fortes ainda. Falavam, literalmente, com a gente. Nossos passos, por outro lado, para não dar bandeira, tentaram continuar no mesmo torque. Que pena, ela estava indo embora de novo.

— Mas, afinal, o que é que vocês estão achando disso? Será que ela é mesmo uma bruxa? Será que ela está me paquerando? Ou a você, Maurício? Ou a você, Gino?

Maurício respondeu:

— Acho que não, aliás, tenho certeza que não. Ela está se divertindo com a gente. É isso aí. Ela não passa de uma inglesinha bonita e convencida querendo se mostrar. Não vamos mais dar bola pra ela.

Terceira volta.

Aceleramos o passo.

Decidimos que na volta seguinte eu iria abordá-la. Talvez para perguntar seu nome ou sei lá o quê. Nesse momento, olhamos para a profundidade do parque do céu londrino, do seu Zênite, e sentimos um imenso bem-estar.

Os passos, que eram muitos mais rápidos, ficaram muito mais fáceis. Nós não sentíamos mais correr. Mais parecia um voo. Nós realmente estávamos voando. Leves e flutuantes como são os adolescentes. Mas, muito mais que isso, como se fôssemos parecidos com anjos ou sei lá o quê! Apesar disso, nossa velocidade relativa diminuiu. Voávamos, mas era como se não sentíssemos e não existisse a velocidade. Posso apostar, aquela volta durava um milhão de anos.

Eu acho que nela nós três tivemos um sonho. Eu sonhei com a maior felicidade que um homem pode ter. Encontrar um amor para amar por toda a vida. Pedi a ela um amor eterno. Filhos, muitos filhos. Pensei no maior bem, na maior paixão. Explodir de dentro como um vulcão e aparecer no mar, assim como a luz aparece. Sentir a vida como nunca. Enxergar as melhores cores que podemos ver em qualquer canto. Saborear com ela, o meu amor, os melhores pratos, vinhos e momentos que um homem pode ter.

E foi assim que aconteceu. Na terceira volta, quando ela começou a reaparecer sobre os nossos passos, estava incrivelmente mais bela, suas mãos deslizavam no gato como se fossem nuvens a vagar entre o céu e a Terra. De repente percebemos: que bruxa, que nada! Encontramos na verdade uma fada.

Foi nesse exato momento que o gato voltou seu olhar para nós. Meu Deus, dissemos os três, mas isso não é um gato. É um bicho que parece, é claro, com um gato. Mas não é propriamente um gato. É como se fosse um arco e flecha que, ao olhar para mim, atirou naquele instante a sua seta. Penetrou-me como um raio de que jamais irei me esquecer. Meu destino, meu sonho e meu desejo estavam naquela flecha. E, de repente, bem na nossa frente, eu repetirei por toda a minha vida, bem na nossa frente, ela simplesmente, do nada, desapareceu.

Anos mais tarde, realizei meu desejo, mas é muito estranho porque, após tanto tempo, sinto que a minha felicidade realmente tem alguma coisa a ver com essa história. Não ela, mas foi aquele gato que me fez ser tão feliz assim.

Capítulo VII

A mulher com uma rosa cor de rosa na mão

Subindo escadas
De uma casinha de campo
Seus pezinhos
Tocavam delicadamente
Degraus feitos de trilhos de madeira
Com um sorriso entre lábios
Segurando uma rosa cor de rosa
Com uma das mãos ao peito
Exalava alegria no jardim
Assim como o amor
Perfuma as coisas e o ar que se respira
Sua passagem levanta magia
Que enfeitiça um homem apaixonado

A real beleza da justiça ingênua

A emoção comove.

Vestida de forma tão ingênua
A imagem da beleza da vida, na forma de uma bela bailarina
Que, ao caminhar, marcha tão docemente
Como um 'petzo' de música
Que toca belas notas
E que em sendo tão lindas
Misturam-se com as partículas do ar
Que chegam ao mar num vento suave
Que acaricia esse ser humano tão cansado
Na luta da vida, o ânimo às vezes desanima

Falta determinação
Mas, então, ao ver tão bela bailarina,
De lá pra cá, fazendo tantas coisas sem importância
Tão belas e tão fundamentais
Como são as pedras de um castelo
Irrompe-se profunda felicidade
E, assim, esse humano se reanima e segue lutando
Sentindo que quanto maior o esforço
Menos humano vai sobrando na sua velha carcaça
O sentido do honesto se confunde com o do dever
Pois que a família deve permanecer
E os anos vão passando
E quase nada mais resta desse antigo ser humano
A não ser o seu amor
Da sua eterna enamorada
Que continua a flutuar pela vida como legítima
Pois que sendo tão amada e bem cuidada
Não lutou como o amado
Sua luta é diferente
Ela, simplesmente, deve manter eternamente viva a alma feminina da Terra
Dar à luz através de úteros sagrados, incorrompíveis, incompráveis
Migalhas e restos de toda uma sociedade que ainda oscila entre o humano e o seu antigo ancestral
Mas que não se fixou firmemente na Terra ainda
Nesse instante, então, quase próxima de desaparecer
Agarra-se à real origem de tudo
A beleza da alma feminina
Eternamente desempregada

Livre, voadora, alternante, extremamente viva
Para ressuscitar a alegria de viver
Para fazer tudo sempre renascer
Para, como nunca, poder lembrar que haverá, perenemente,
Pelo menos um exemplo
Da real justiça da beleza ingênua.

Pois que predomina hoje a humilhação de bilhões, castigo, culpa e prisão para mais alguns milhões, escravidão e porca suja vida, levada no sentido dos minutos.

Enquanto alguns milhares nos fazem sentir piedade, tamanha pena e tanto dó.

Como sofrem essas almas possuídas por aqueles que detêm o poder e muito dinheiro.

A justiça deles conspira sempre para si próprios.

E é justamente nessa emboscada que despencam os homens sem regresso.

Pois quando a justiça se volta para si mesma, mais cedo ou mais tarde se suicida e parece que não é possível nem mesmo deixar a própria carne seguir sua transformação.

Certo senador brasileiro, em 7 de outubro de 2011, fez um apelo à sociedade: devemos chicotear os bandidos presos na cadeia.

Ainda bem que ele disse os presos na cadeia!!!

Já pensou, meu amor, se fosse para chicotear todos os bandidos livres da Terra!!!

São vagabundos, não trabalham. Custa um dinheirão para mantê-los vivos, banhá-los e alimentá-los. Que desperdício de dinheiro público, disse ele!!!

E essa afirmação, pior ainda, aparece na mídia para vender o maldito jornal.

Essa justiça do senador e da mídia maldita nos vão destruir. Pobres políticos. Deve ser imensamente triste sentir vergonha de si mesmo. Benditos são vocês, anjos voadores, bailarinas grávidas e artistas, que transpiram na Terra tamanha emoção dessa beleza da justiça ingênua.

O amor de Patrícia

Não se escreve.

Não se explica.

Só existe.

Ao cuidar do corpo e espírito amado, Patrícia se transforma em deusa.

O Olimpo a espera e eis que seu amado engrandece. Sempre livre.

Pois que a liberdade é a irmã gêmea do amor.

Por falar em amor, você conserta o focinho da girafa que quebrou...

– Eu não disse antes para você não ficar chateado? – disse Patrícia.

O focinho da girafa, minha deusa

Possui o talento de deixar os lençóis mais bem esticadinhos do Universo.

Deitar em minha cama é deitar no paraíso. Meu Deus.

O que foi que eu fiz para ser tão feliz assim?

Na cozinha, encontra-se uma feiticeira. Batatas douradas, cavaquinhas ardidas, arroz japonês grudado. E eis que o garfo agigantado preenche a boca e o hipotálamo agradece.

É, meu amor, cada dia que passa eu te amo ainda mais. De modo que te prevejo como uma velha sem vergonha abençoada que, por mais velha que possa ser...

Mas o que quer dizer mais velha quando se vive perto da

sensação do amor?

Pois que o amor sempre foi e sempre será eternamente jovem, jovem como você. Patrícia, como você é bela. Que alegria sinto em simplesmente te ver. Todas as minhas células agradecem. Tantas quantas forem elas, por todos esses dias abençoados que me deu.

Como a vida é bela quando se está ao lado de uma donzela.

O sol que arde no peito quando o espírito está no limite permite em sua aura, que então, meio desvanecida, se comove a si mesma como num amor arrependido.

Só para criar dificuldade.

Ou qualquer outro tipo de maldade. Visto que as paixões são assim. Lutas ciumentas e inseguras, dedicadas ao amor sem fim.

Patrícia, meu amor, não sei se existe alguém para lembrar Cinderela mais feliz assim. Não se trata de se olhar no espelho e se perguntar se é a mais bela. Trata-se, sim, é de sentir o espaço que há atrás de qualquer espelho preenchido com o carinho, como se a própria vida fosse um tapete e nele só pisassem os seus nobres sapatinhos.

Isso, amor, não é careta. Enganam-se certos apaixonados. Nosso amor é, sempre hei de saber, e será absolutamente louco.

Louco.

Foram eles.

Foram os loucos que inventaram o amor.

Ainda bem.

Já pensou jardins e florestas repletas de flores desacompanhadas de amor?

Pois que os tijolos do paraíso não são feitos de cimento, mas da mais pura real paixão. Amor, amor, amor, você não acha que essa baianinha fica melhor aqui, em cima desta mesa?

Pois eu, caso fosse algum deus e tivesse desenhado essa tão pequena bela baianinha, amando simplesmente viver, ah, amor, vou colocar um som para você.

— Você quer?

— É claro que sim.

The captain of the heart.

My captain of the heart. Minha vida, meus movimentos e tantos pensamentos, meu orgulho, corajoso, muito cuidado, amor, pois os humanos não gostam de ver gente assim tão feliz.

Mas foi assim que a bacia do amor foi construída. Quando o amor estiver transbordando, água cristalina jorrará da terra para saciar a sede da vida, agora sacramentada por um gesto ingênuo de amor que se chama Patrícia.

E o sol vai queimando.

O som tocando.

O coração te amando.

O calor prazerando.

A vida passando.

Meus Deus, que foi que eu fiz para merecer viver um amor assim?

Capítulo VIII

O jasmim dos poetas

Em cima da escada
Meu amor se prepara
Arruma certos galhos de jasmim
Que pertencem a um conjunto de flores

Ela almeja nessa ação
Prendê-los em cima do tronco
Torneando as plantas
Desperdiçando alguns verdes galhos

Mas, todos eles, certa hora
Parecem pertencer à mesma história
São filhos da Natureza
Ocupados tão intimamente

Num projeto importante
Que une a vida à terra
Numa viagem de sonhos
Sejam bem-vindos todos os convidados

Trabalho e conjunção

Nós nascemos para viver.
Por isso existe o trabalho. Ele não nasceu para prover o alimento somente, sua concepção ultrapassa a psicologia.

Para cientistas, o trabalho não está relacionado a escravidão, humilhação, dinheiro ou servidão inescrupulosa.

O trabalho é o significado mais saudável da vida.

Fomos nós quem transformamos o trabalho em leis, multas e castigos, como se os nossos sentimentos pudessem ser reprimidos por um decreto ou inciso qualquer. Enfim, a nossa consciência perdeu o valor do trabalho.

As pessoas acreditam que o trabalho é o grande mal. É ele que hipnotiza todos nós, afinal, ele criou o relógio, as horas, as horas de trabalho, as horas de ansiedade, a mediocridade, desumanizando a vida e contrariando os destinos.

Bastaria que olhássemos o trabalho sob outros ângulos de vista. Poderíamos optar pelo amor, por exemplo. Escolhendo nossas profissões, prestando atenção às vozes dos nossos corações; assim, trabalhar seria uma diversão, alegria e pura paixão.

Sociedade acadêmica não precisa ser careta. Além de inventarem o amor, foram os loucos que inventaram a ciência. Belas cidades, repletas de loucos, hipocráticos, sensíveis, tarefas e funções para indivíduos na razão de seus desejos mais íntimos e habilidades inatas ou adquiridas com o tempo. A existência de uma cidade só pode dever-se à melhor qualidade de viver.

Inventamos e abusamos, infelizmente, da escravidão ao longo da história. Sentiram-se no fim inferiores àqueles cheios de poder, que pensaram, iludidos por tantas joias, que as facilidades e ausência pessoal de luta seriam a estrada para a felicidade, mas a verdade não é essa. O poder, o dinheiro, a facilidade, a ausência de luta transformam o rico poderoso num sedentário e infeliz.

Se isso não fosse verdade, não veríamos no mundo tantas pessoas ricas, desesperadas e infelizes.

Os homens de poder vivem como tamanduás, escondidos em condomínios ilhados por seguranças. Porém, não basta amar. Não podemos ser felizes passando uma vida inteira a beijar a mulher sem ter um dever a cumprir, um trabalho a realizar, um obstáculo a vencer. Até que, depois de ultrapassar, nessa batalha contínua, auxiliar como um ponto modesto brilhante no céu a também participar da iluminação do nosso mundo.

É uma pena profunda o trabalho atualmente ter se transformado num plano de consciência inferior. Mas a culpa é da propriedade corporativista que transforma os homens em robôs à deriva.

Que não gostam do dia.

Que não dormem à noite.

Que não sabem o que fazem.

Que não sentem prazer.

Então, não pode ser trabalho.

Isso é escravidão.

Como mudar essa situação?

Talvez cantando, como cantaram os anões à sua bela Branca de Neve: "Eu vou, eu vou, trabalhar agora eu vou. Pararatibum, pararatibum, eu vou, eu vou..." Com voz ígnea e potente, esse desenho animado talvez seja um fóssil prateado de sinais mágicos para permanecerem no tempo retransmitidos e conjugados com amor.

O amor sabe que não basta amar para a felicidade alcançar. Às vezes, ele cansa para que os enamorados possam respirar por um segundo. Ah, o amor, máxima expressão da vida, fruto e origem das relações sexuadas. Reúne-se como uma massa vital que molda uma união desenhada com fios de ouro sempre a brilhar e afugentar a escuridão.

Dessa vez, não será através de tão pequenas estrelas, ou da luz infinita do céu, que aparecerá essa massa que conspira com a fé. Ela virá num fim de tarde alaranjado, com a natureza sorrindo e homens trabalhando numa conjunção cósmica do prazer profundo que o homem sente ao viver.

A determinação de Jacqueline

Jacqueline

A vida algumas vezes parece uma arena esportiva. Precisamos de disciplina para ser um atleta, um esportista.

Mas, nessa vida, nem sempre encontramos regras justas. Perdemos nossas posses, nossas coisas preciosas e é exatamente dessa forma que eu me sinto agora, estando tão longe das coisas que sempre estiveram na minha mão no dia a dia durante toda a minha infância.

Muitos dizem que só quando perdemos é que damos o valor devido a qualquer coisa. Mas quando a gente ama, não precisa perder. Sentimos enorme falta quando simplesmente estamos longe de casa.

Nos momentos difíceis, percebemos que eles são só ligamentos com o futuro.

Ao se perder tudo, por uma tremenda queda, sempre haverá um recomeçar. Com outra visão e maior determinação.

Desistir sempre será o caminho mais fácil, mas eu gosto e prefiro o desafio. Gosto do improvável, não importa quantas vezes eu tenha de tentar. Pois sei que um dia vou chegar aonde sempre quis. Não importa se vai ser agora. Tem sido difícil, mas sei que alguma coisa boa espera por mim bem lá na frente.

Vencedores nunca desistem. Pois quem desiste nunca vence.

É como se você tivesse que montar um quebra-cabeça para, no final, obter um desenho da história que construiu.

Trata-se de trabalhar por essa conquista com perseverança, até atingir o seu objetivo final. Se você não acreditar naquilo que é capaz de fazer, quem vai acreditar? Não há receita pronta, idade, tempo ou local. Existe, sim, a pura convicção do processo que vai guiar no caminho até onde você realmente quer chegar.

Eu quero ir bem longe. Quero provar para mim mesma do que sou capaz. E, quando isso acontecer, sentir-me vitoriosa. Então, todos aqueles meus momentos difíceis se transformarão no meu destino, uma bela jornada.

Beny

Puxa vida, tão jovem e tão determinada.

Longe de casa sentiu o coração falhar, mas em nenhum momento passou pela sua cabeça dar um passo para trás.

Desistir, jamais.

Voltar, somente com vitória ou com paz. Ou com a certeza de ter oferecido a própria vida para chegar a algum lugar.

É assim que a vida é quando se nasce nobre.

Eles sempre são determinados.

Não importa quantos estão a oferecer conselhos, arrazoados, pensamentos sublimes, pois que a determinação só escuta a voz do coração. E essa é a pura, aliás, a primeira coisa que se tornou cristalina em nós, afinal de contas, ninguém é capaz de mentir para o seu próprio coração.

É da determinação dos homens a chance de sobrevida de humanos a um tempo compatível da nossa jornada na Terra em meio a tão imensa galáxia.

Não, não é verdade que há leis nesse jogo. O caminho que se segue é alguma coisa parecida com o destino, mas não é puramente destino, pois contém uma vontade infinita e determinada em cada um dos nossos nobres espíritos.

Puxa, Jacqueline, que você vá para bem longe, porque o mundo talvez tenha realmente que ser colonizado, pois nossa presença deve ser marcada de uma forma muito mais gloriosa do que agora. Vai para cima deles, meu amor.

Não se esqueça da sua origem. Seu pai sempre tentará morrer de pé. As conquistas são afrodisíacas quando feitas com sangue do espírito das nossas entranhas, exaltando a luta com essa energia sagrada e armazenada, nos levam à paz.

A paz e a calmaria advêm após as tempestades, assim como são as nossas mais ingratas jornadas.

Capítulo IX

Brincar, correr e beber

Posso brincar sem parar
Sem hora nem tempo
Ser feliz como um bicho
E brincar com o vento

Correr é maravilhoso
Renova o espírito
Brincar e correr
Que mal pode haver?

Beber é beber
Libação, comemoração
Tinta divina
Faz a alma engrandecer

Então, brincar correr e beber
É amar, ser e viver
Festejar, amanhecer e estremecer
Ou brindar, morrer e reviver

Ah, que delícia que é viver!

Tolsty, a viagem

Lembrança de Tolsty

Num ponto mágico da Terra, a lembrança de Tolsty perde intensidade. Patrícia, ao contrário, presente, cresce na alma do agradecido. Porém, tamanhos, intensidades, e dimensões não possuem relação estreita com a linha da existência insólita do amor.

Ela permanece qual uma tocha viva, assim como são os grãos de areia das praias. No começo da viagem, qualquer lembrança é amena, pois curto foi o tempo do espaço da separação amorosa.

Ao contrário da física no espaço, no amor, ela varia muito mais que equações concretizadas para solucionar as energias no tempo. Mas os dias vão passar...

Numa certa ilha paradisíaca chamada pinel, a alma reiluminada reaparece após um terrível pesadelo.

Sonhei que enlouqueci e não podia mais conciliar os pensamentos. Pior ainda, quando acordei na madrugada, a loucura permanecia. Perguntei:

– Enlouqueci realmente naquela noite para sempre?

Procurei Patrícia, alisei seu corpo, me lembrei de Tolsty. E, ao acordar, percebi que o sonho foi forte, mas não passou de um horrível pesadelo. Talvez esses pesadelos apareçam mais frequentemente quando o corpo cansado necessita de um sono mais profundo para suar como a pele os catabólitos da vida.

Ainda é muito cedo, mas os dias vão passar e vai acontecer. Tolsty não é ainda ferozmente lembrado.

Saudades

Quanta falta me faz. Você é tão importante que simplesmente não posso viver sem você. Nesses dias de desespero, me amparo no Sol. Pois que Patrícia, sendo parte de meu corpo, preciso de um amigo. O Sol é meu amigo. Nosso amigo. Nosso pai de todas as vidas.

É incrível como nós, humanos, somos sensíveis à moda, por exemplo, dos assim chamados cosmetologistas. Eles não permitem mais um segundo sequer de exposição solar. Dá câncer!!!

A razão tem sempre seu lado antimatéria, ou seja, ela também, às vezes, é imbecil. Pois, como tudo, o sol faz bem ou mal na dependência do volume de exposição; assim como todos os processos metabólicos são ativados pela luz solar, nossa verdadeira pátria amada é a nossa mais bela e querida estrela. Queimado, com sensação de beleza, o sol me alivia da tristeza, da falta do meu cão amado.

Faltam poucos dias, já vou voltar. Se Deus quiser, para te lamber, te alisar, te abraçar sem parar.

Perdoe minha ausência, Tolsty, é coisa nossa humana. Vida inacabada, repleta de pecados.

O Sol

Os dias passaram, mas, infelizmente, a viagem ainda não terminou. Não posso, um segundo sequer, olhar para qualquer cachorro que passe pela rua. Não posso mais lembrar um segundo de você sem me desesperar.

Não posso ouvir Patrícia falar seu nome sem desfalecer.

Dessa saudade absurda, ao menos surge lá no final a margem da alegria do reencontro. Do enterro da hipocrisia e do jubileu do nosso amor.

Agora é esperar os últimos dias da viagem. Sonhar com o avião e ver você na minha mente, saltando, pulando, explodindo de amor. Me espera, querido, eu vou chegar.

No avião

A paciência de Deus é eterna e Ele continua a nos perdoar e permitir nossa vida, por mais ingratos que sejamos. Sair do Panamá é melhor do que sair da prisão!!!

Aliás, Tolsty, prenderam a gente por lá dois dias infindáveis. O panamenho é o povo mais *mala* do planeta. Aliás, o país deveria chamar-se *Panamalas*, repleto de *maleteiros*.

Estou voltando, Tolsty, faltam cinco horas. O melhor da viagem sempre é a volta para casa. Só de pensar que daqui a pouco vou ter você em meus braços, seu rostão, seus olhos e a mímica encantadora que sinto quando olha para mim... Vai, vai, aviãozinho, vai. Me leva para ver meus filhos e meu cão.

Os filhos cresceram. Estão inventando suas próprias vidas. Mas Tolsty tem menos de três anos. Trato dele como tratei de vocês. Vai, vai, aviãozinho, vai. Me leva pra casa.

Espero que você esteja acordado ou que desperte como um tigre. Ah!, meu querido cão, viagem longa assim, nunca mais. Tenho tantas coisas para te dizer quando chegar. Vou contar que uma americana gorda e bruta fez o serviçal do hotel de San Martin retirar do mar uma maravilhosa estrela vermelha para que ela pudesse melhor fotografá-la.

A vontade que tive foi de jogá-la no mar, de preferência sobre os piores rochedos. Ah!, Tolsty, os humanos ainda são uma merda. Por isso, acho que Deus tem paciência eterna e continuo apostando na nossa melhora. Se fosse eu, cuidaria somente dos outros animais. Sobretudo dos Golden Retrievers, expressão maior de amor animal que conheci.

Preciso me acalmar, Tolsty, ainda faltam algumas horas. Não aguento mais, preciso te ver e ouvir o teu rugido. Sentir o teu olhar. Vai, vai, meu aviãozinho, vai. Me leva pra casa. Tolsty, eu vou chegar!

Já estou sentindo suas patadas na porta quando nosso cheiro te encontrar. Queria mesmo levar um grande soco na cara da sua imensa patona. Outros no meio do meu peito para extravasar completamente o amor que reflete os retratos de paixão que tenho pelo meu cão.

Tolsty

Com a pata em cima da bola

Existe algum jogador de futebol que pisa na bola melhor que o meu cachorro? Duvido. Tolsty é muito melhor. Santista, é claro. Seu espírito deve ter se cruzado alguma vez com Pelé. Nesse encontro, talvez estivessem presentes Rodolfo Rodríguez, Clodoaldo, Ailton Lira...

Tal é a grandeza da beleza que é ver suas patas dianteiras brincando com a bola. De repente, no início da noite, surge no céu uma enorme estrela bem brilhante. Sua luz interagiu com os olhos caramelados de Tolsty. Os Goldens Retrievers têm mímicas mais honestas e expressivas que a nossa. Por cima dos olhos, abaixo das sobrancelhas, existem três grupos musculares, capazes de expressar bondade, grandeza, alegria, amor, sinceridade e tristeza.

Esses cães têm o dom de emudecer alguns corações humanos. Choram copiosamente por todos os nossos semelhantes que estão sempre prontos para melhorar a si mesmos. É, apesar de sermos animais malditos, quem sabe seremos um dia iguais aos demais. Não há outra razão para Deus ter nos trazido aqui.

Agora Tolsty corre atrás da bola. Nossa, que salto! Embeleza a Terra e o mundo abanando seu rabo imenso e peludo como se tivesse engrandecendo o tempo.

Os Goldens são amigos incomparáveis, Patrícia, sobretudo na estética. Sabe, amor, é que realmente sinto que o segredo desta vida está mesmo na beleza, por exemplo, dos pássaros que vivem no céu. Como é bendita a nossa vida, que presencia um bando de pequenos passarinhos se gabando com os seus peitinhos esticados para as nobres passarinhas abençoadas.

Ah, como fica boa a vida da gente. Patrícia, é sempre maravilhoso viver na sua companhia. Torna-se mesmo um vício de viver. Não consigo mais ficar sem você um segundo sem saudades. Ao voltar todo dia para casa, a primeira coisa que penso é que vou bem logo te ver.

Agora a bola caiu no mato. Patrícia correu atrás dela. Tolsty e Patrícia, Patrícia e Tolsty, obrigado, meus Deus, não merecia tudo isso. Uma mulher, um cachorro e três filhos. Gostaria de repartir esse excesso de felicidade pelo menos com meus amigos.

Agora ele está na cozinha, com aquele linguão para fora, meu Deus, eu pergunto, existe algum momento mais belo? Acho que não, majestade. Pois que, ao seu lado, até parece que não é nem mesmo o céu que recobre a Terra, mas é o amor dos cães que, forrando assim o solo de todo o planeta, envolve com paixão todos os astros e cometas.

Tolsty vai comer cenoura. Quero que saiba que cenoura não é igual a um ossão. Mas, abençoado assim, pode comer tranquilamente qualquer fruto da natureza. Benditos vocês, Tolsty e Patrícia – que está agora a pentear os pelos dele. Aliás, não são pelos, são os mais belos fios de cabelo da mais nobre queratina feita por insetos.

Fim do penteado. Vamos ao jardim. Tolsty vai dar boa tarde aos pássaros que costumam cantar tanto no final de tarde.

Agradecendo, quem sabe, às nuvens brancas por mais esse dia que vai passando e a noite aconchegando e, bem no fim, bem cansado, Tolsty vai ver o cair das estrelas profundas e tão sagradas. Talvez pergunte, entre sonhos, onde realmente reside a luz delas?

Onde antes havia enorme escuridão, nasceu um dia o mais belo cão da Terra. E, no dia seguinte, logo ao amanhecer, Patrícia acorda e sugere: amor, amor, vamos jogar bola juntos no campo de futebol? Vamos brincar de Robinho com ele?

De repente, ela para, reflete profundamente e, como se fosse o maior problema do mundo, diz assim: "amor, amor, eu acho que tem um problema. E se ele conseguir pegar a bola, quem será entre nós o bobinho?"

Capítulo X

Final da tarde

No final do dia
Pode acontecer
Sentir aquele vento
Pleno de magia

Tantos pássaros e outros bichos
Tagarelando sem parar
Se bem que os pássaros e os bichos
Não podem realmente falar

Pois que eles só sabem cantar
A sonata da natureza
Que é pura beleza
Música abençoada

Amada natureza
Repleta de bichos e de pássaros
Que não param de cantar com alarde
Afinal de contas, é final de tarde.

Cromossomos e cachorros

Os homens pensam que sabem como se multiplicam e se dividem os cromossomos, mas é claro que é impossível realmente compreender a maneira como se renovam as menores partes dos nossos corpos.

Segundo os cientistas, há uma hierarquia entre as quatro bases (a,t,c,g/u), sendo que essas bases que formam genes e se transformam em proteínas ocupam posição de destaque nos cromossomos.

Atualmente, milhares de pesquisadores estão estudando genes. Os erros transcricionais são conhecidos como mutações. Acreditam e acredita-se que são responsáveis pelas doenças hereditárias e predispõem a todas outras da patologia humana, alterando os processos biológicos da vida.

Mas é óbvio que as leis que regem as renovações das bases, as mutações, os restos de todos os cromossomos que não dispõem de genes são empíricas. A razão é impotente para dar conta desses eventos desconcertantes. É quase infantil achar que segmentos enormes de cromossomos são inúteis simplesmente porque não representam genes (exons).

A cromatina está dispersa nos núcleos celulares. Enxergar microscopicamente, eletronicamente, bioquimicamente, é uma coisa. Compreender é outra, e muito diferente. Aparelhos tecnológicos de última geração podem individualizar átomos, moléculas, partículas subatômicas. Quem sabe, um dia poderemos enxergar também o "nada" no centro da energia que gera essas mesmas partículas, átomos e matéria.

Esse paradigma deveria ser como o vento primordial que, soprando as cortinas, forjou o destino da nossa razão, talvez com o objetivo não alcançado ainda hoje de tornar a vida de cada um de nós menos penosa e sofrida.

Afinal, de que adianta esse tipo de ciência? Detalhar minuciosamente uma partícula subatômica e seu comportamento se, a partir daí, não melhoramos em nada nossa sociedade, nossa saúde?

Conclui-se que a explicação é uma ilusão e ela varia na dependência, por exemplo, da língua em que é expressa ou do cérebro que a concebe.

A vida é maior que o DNA ou qualquer outro blá-blá-blá de um artigo inédito da consciência de alguém do passado. Neste caso, vale mais a pena tratar melhor dos cães. Talvez eles sejam melhores que nós, pois, entre outros comportamentos, quase nunca se olham no espelho. Estão livres do jugo de Narciso. Desprovidos de ego, são belos, carinhosos e oferecem seu amor incondicionalmente. Cães não têm conta em banco, não andam com dólar no bolso, não têm carteira nem mesmo casa própria.

São essas manias atuais humanas de explicar o DNA sem fazer

ciência, usar terapia gênica para criar monstros, apoderar-se de um pedaço de terra com uma escritura, fazer política defasada do povo que constroem com tijolos macabros a música funesta que corrói o planeta, que, para todos os efeitos, menos para a pretensão e ignorância humanas, é indivisível.

Ah!, benditos cromossomos e cães mágicos. Sábios e filhos da terra, ainda iluminam alguns corações capazes de realmente dar conta de tudo isso.

Andrade e Penélope

Certa tarde, o sol, meia hora antes do crepúsculo, penetrou com força na floresta. Luz dourada de incrível espetáculo, parecia que todo o miasma cósmico sorria, convidando os enamorados a se encontrarem.

Em cada pigmento da floresta manifestava-se a reflexão da paixão.

Era a oportunidade para a natureza procriar.

Repleta de animais, essa floresta de árvores gigantes, com folhas enormes, que no auge do calor protegiam, além dos esquilos, muitos outros animais e uma infinita variedade de flores, as mais belas que já se viu.

Valente e astuto, Andrade reconhecia o valor da floresta que, por pura vontade divina, teve o privilégio de se manifestar num lugar assim.

A floresta era imensa o bastante para que seus amigos não pensassem em paralelos. Que pudesse haver outras como ela em outros pontos da Terra. Muitos deles juravam que a floresta nem tinha mesmo fim. Fosse infinita, como alguns pensam que o Universo pode ser.

Andrade guardava pinhões em árvores mães, nos seus buracos mais íntimos. Seus pelos de cor castanho-escura, assim como de seus amigos mais próximos, se confundiam com o corpo espesso da árvore, numa mimetização que o protegia de ataques de predadores. Mas, de repente, bem em frente à sua face, um rabo absurdo passou sobre seu rosto.

Era ela, Penélope!

Meus Deus, com todo o respeito aos mais belos bumbuns das nossas mais belas mulheres. Nada se comparava à cauda fofa de Penélope.

Para produzir uma esquila assim, Deus deve ter soprado com muita inspiração.

Seus olhos eram caramelados, Andrade sabia disso nas profundezas de seu pequeno coração de esquilo.

Penélope era uma obra de arte da natureza.

Penélope insinuou sua cauda uma, duas, três, quatro, dez vezes, vários minutos. E, como as sereias enfeitiçam os homens, a ponto de o esperto Ulisses ter se amarrado ao mastro de seu navio, hipnotizou a alma surpresa de Andrade.

Como um perfeito bobalhão, bem no topo das árvores, ele começou a saltar tão rapidamente que passava de uma árvore a outra em velocidade incrível. Andrade havia se transformado num esquilo voador.

Andrade e Penélope embelezaram a floresta durante muito tempo.

Juntos, enterraram centenas de sementes em árvores mães araucárias. Devoravam pinhões frescos e voavam próximos do céu, longe do perigo. Na verdade, com os sons nervosos dos esquilos, preveniam os outros animais quando alguma ameaça se insinuava na floresta: um predador, uma tempestade ou a presença de estranhos intimidadores.

Os esquilos conhecem a terra e as árvores não são tias, são mães de verdade.

Um dia, o céu amanheceu diferente. Não era prenúncio de nenhuma tempestade ou qualquer outra ameaça.

Era um estranho veículo que avançava pela floresta, carregado de imensas árvores decapitadas. Elas estavam despidas de folhas e eram levadas com velocidade maior do que qualquer outro animal podia fazer. Eram dezenas de mães vegetais impiedosamente assassinadas.

– Não, dessa vez não foram os ventos poderosos, o fogo faminto ou a tempestade violenta que as trucidaram. Foi uma coisa bem diferente, cochichou Andrade a Penélope. Algo horrível e macabro. Eram eles, os humanos!!!

– Penélope, preciso ir atrás daquela estranha máquina, disse Andrade.

– Não vá, por favor, te suplico, pediu Penélope.

Mas na vida dos esquilos, nobres primatas, não há volta em seu destino, pois ele está mais bem escrito em certos animais.

Andrade já não estava mais ali.

De árvore em árvore, como um pequeno jato, Andrade, enfurecido, perguntou a si mesmo:

– O que terá acontecido? Tantas mães decapitadas.

O tempo escoou como a areia de uma ampulheta e, quando Andrade se deu conta, a floresta que parecia sem fim havia terminado. Nesse momento, ele se viu num mundo estranho e agressivo, com mais ruído que a mais potente cachoeira da floresta, repleto de milhões de veículos enormes, de tamanhos diferentes, cobertos por um céu esfumaçado, com milhares de humanos entretidos por aparelhos indescritíveis. Presenciou a pior maldade dos homens engaiolados, pior ainda do que fazem com os pequenos pássaros, e viu no fundo dos seus olhos o significado do sofrimento sem esperança.

Enxergar uma enorme fatia de terra desnuda de árvores deixou Andrade chocado e triste. Ele se deu conta de que deveria voltar imediatamente para o interior da floresta. Penélope lhe enviou um terrível pressentimento. Mais veloz que qualquer outro esquilo, Andrade retornou, ao encontro da amada.

As Penélopes sempre esperaram pelo retorno de seus maridos, talvez porque cada regresso signifique uma heroica vitória da vida na Terra. Andrade, obstinado, depois de muito esforço, alcançou a floresta, mas algo havia afetado seu corpinho esguio e ágil. Sua ígnea presença fez o coração alegrar-se. Então, ele desceu de uma das grandes árvores, recostou-se em um tronco seco e morreu quase em pé.

O pequeno coração de Andrade não havia suportado a ideia de que a floresta que parecia imensa, infinita mesmo, tivesse os limites do tronco de uma árvore, por mais elevada que ela se mostrasse sobre toda a floresta. E os humanos com suas máquinas horrendas avançavam por ali, insensíveis como o metal duro e frio dos equipamentos que construíam.

Morrerão assim, correndo e voando, todos os animais fugindo de nós, devastadores insensíveis e inescrupulosos de cada uma das árvores da Terra? Nós, humanos, ingratos, arborícolas, que aprendemos com os esquilos a descer das árvores, nossos antigos abrigos, para andarmos na posição ereta, estamos destruindo nossas raízes profundas e, assim, escavando nosso próprio fim. A cratera imensa que um dia nos engolirá com a voracidade de um glutão insaciável.

Pressentindo sua morte, Penélope, a joia da natureza, desfaleceu de tristeza.

Mas o tempo passou, rápido como uma nuvem tocada pelo vento forte. Penélope, como cada um de nós, não tinha escolha. Frente aos seus pequenos olhos caramelados, cenas foram desfilando e, num momento, ela se ouviu dizer para si mesma:

— Ainda existem muitos esquilos voando com a habilidade de Andrade por aí!!! Nós somos animais presentes em todos os pontos do planeta, vivemos no frio ou no calor. Ainda há tempo.

E, aproximando-se de pássaros, pousados no tronco de uma grande árvore, disse em voz alta:

— Por favor, ajudem-me. Ajude-me, beija-flor que desliza com a habilidade da borboleta, ajude-me, maritaca ruidosa, ajudem-me a ajudar as árvores e a resguardar a floresta e, assim, a nossa própria vida.

— É melhor, disse ela, como guardamos a vida do que a forma como aqueles humanos guardam dinheiro nos cofres e nos bancos. Ajude-me, beija-flor, ajude-me, maritaca, a conscientizar os humanos a realmente enxergar de novo o esquilo, o beija-flor e a maritaca.

Não, não foi pela rota errante da política e das leis que os esquilos sobreviveram com todos os demais. Agora, tão triste, só posso pensar nos meus filhos e na minha cria. Sei que eles também embelezam o mundo como muitos jovens. Sei que, como muitos outros, ainda vão embelezar de maneira insólita, vão tentar ensinar os homens que não há caminho mais nobre que o da beleza que emerge da compreensão profunda da vida. O dinheiro são blocos de papéis pintados com tinta. Podem dar a impressão de que são valiosos e que justificam qualquer ato para serem obtidos. Mas são papéis que se degradam com a chuva, pois que ela sempre vencerá a escuridão por já ter nascido iluminada.

Capítulo XI

A areia na ampulheta

O tempo flui
Como a areia na ampulheta
Incontáveis grãos irmãos
Descem abaixo com bela silhueta

Que se parece com nada
Pois que é simplesmente tudo
Estacionam bem no fundo
Mas estão extremamente vivos

Desce mais areia na ampulheta
Incontáveis segundos
Inimagináveis infinitos grãos de areia
Desce areia na ampulheta

E no vidro cristalino desponta
Luz de estrelas e cometas
Transparentes e perfeitas
Desce mais areia na ampulheta

(Homenagem a Yuri Gagarin)

A aventura

A aventura não mora dentro de uma casa. A aventura é a incrível marca íntima dos movimentos. Pode ser a fuga infinita do lugar em que se está. Mesmo que, muitas vezes, se passe de novo pelos mesmos lugares para voltar exatamente ao mesmo lugar.

Partir para uma viagem, uma aventura, é como nascer de novo. Mas também pode ser doloroso, pois a ambivalência na vida é como a quântica, que diz que hoje em dia podemos estar em dois lugares distintos ao mesmo tempo.

Partimos nós três. Eu, Gino e Maurício. Amigos na juventude.

Pico das Agulhas Negras, ou melhor, Prateleiras. Era uma hora da tarde.

Subida difícil, com duas passagens com corda. Longa e cansativa. Mas, nos jovens, sempre a vontade de escalar uma montanha supera o desafio das alturas.

Existe um real estranhamento no momento mágico em que se escala uma montanha.

Sensação de conquista. Aproximação do céu. O ar delicioso, descrito genialmente por Thomas Mann, na *Montanha Mágica*. Ele tinha absoluta razão, não são só os tuberculosos melhoram vivendo em montanhas. Somos todos nós que deleitamos nosso espírito com ela.

O Prateleiras é de média dificuldade. O Himalaia é muito mais difícil. Mas, para escalar ambos, ou outro qualquer, é preciso estar preparado e, acima de tudo, encantado. Ninguém sobe uma montanha se não estiver apaixonado pela vida.

Dessa magia nasce a volúpia que nos leva montanha acima. A aventura na montanha está em outro lugar. Escalar é seguir o caminho mais próximo do nosso andarilho original, nosso destino.

Na montanha, conhece-se a melhor jornada. A mais bela aventura. Muitos animais vivem assim. São ligeiros, vivos e velozes. Não existe obesidade nas montanhas, também não importa a sua altura, pois que lá em cima olha-se para baixo *(ou seria lá em cima?)*. O que vale é sentir um prazer de vida repleto de sol de dia, de nuvens às tardes e de rubis cintilantes no céu ao anoitecer.

Nesse momento, muitas de nossas sociedades vivem decadentes ao bater dos minutos dos seus relógios, sem tempo algum para viver, acordar com calma, dormir bem, passar o dia bem e à noite também. Que delícia é viver assim.

Essas sociedades nasceram mortas. Falta apenas cobri-las de terra. Temos de nos livrar delas nas montanhas, sob o céu, nas aventuras da existência que se manifestam em cada parte de uma célula, em cada pequeno pedaço do nosso corpo, a cada respiração, a cada olhar.

Pode, sim, a cada segundo, assim residir nossa história de uma vida inteira. O problema são os olhos da nossa memória, que, desviados na sua razão, pelo tempo que existe agora, que esse agora era antes e depois, e depois de antes, mesmo sabendo que não existe nenhum agora e, assim, se confundindo, perdem o caminho. Mas, o que é pior, perdem a vontade pela aventura.

Conheço pessoas que não conseguem ficar mais do que 30 segundos deitados sobre uma rede. A tecnologia que nasceu na guerra e criou computadores decifradores de códigos ameaça matar a aventura vivida na montanha!!!

Nosso fim poderá ser assim. Abreviado. Somos um corpo cósmico único, não podemos realmente existir se, de fato, estiverem os astros afastando-se uns dos outros. Os físicos andam meio ingênuos ultimamente...

Nós subimos o Prateleiras. Foi difícil, mas lembro-me até hoje e posso escrever que escalei o Prateleiras. Que é inesquecível, porque, em meio à sua escalada, pude ver a maldade do egoísmo que existe dentro de mim mesmo. Ali me observei como se estivesse frente a um espelho.

Em determinado momento, Maurício, meu eterno amigo, escorregou de um penhasco. Pediu minha ajuda e eu fingi que não vi. Eu vesti a camuflagem odiosa do "salve-se quem puder". Que vergonha enorme a minha! Hoje, muito tempo se passou e eu sei que não adianta se autocompadecer. O que importa é enxergar a nossa memória sem tempo. Ouvir a voz do nosso coração e deixar-se levar pela volúpia de uma nova aventura.

Ela está acima dessa horrível rede de aeroportos do Brasil. As aventuras e as viagens não precisam realmente de nenhum aeroporto, muito menos de um avião. Ambos não passam de máquinas tecnológicas, filhas de Alan Turing, desprovidas de emoções, paixão e amor.

Nota: Maurício sobreviveu. Abandonado por mim, deu um jeito sozinho e escapou da armadilha em que estava.

Inácio, o falcão peregrino

Um dia, o céu e a terra foram indistinguíveis. Outro dia, a luz separou essas entidades dando origem ao espaço mágico. Foi exatamente nesse espaço que nasceu e viveu Inácio, assim como todos os pássaros que são as estrelas que voam no ar durante o dia.

Aurora e seus irmãos raios de sol enviaram um feixe grosso que ardeu na face de Inácio num certo amanhecer. Assustado, ele despertou e algo dentro de si lhe disse:

– É hoje!

– Mas é hoje o quê?, perguntou Inácio a si mesmo.

Naqueles tempos, Inácio, o falcão peregrino, estava um pouco entediado com suas longas viagens. Ele queria saber por que viajava tanto. Migrar e migrar e migrar para quê? Eu não posso voar por aqui mesmo? Em dúvida, foi conversar com Kxsandra, uma extraordinária bela falcã. E ela lhe respondeu:

– Mas o que é que há com você? Como pode um falcão tão lindo parecer tão infeliz?

– Estou exausto, respondeu ele.

– Inácio, meu amor, reclamar da natureza é sinal de mau agouro, disse ela.

– Não me amole com essas histórias, rebateu ele.

Mas todas as fêmeas são videntes.

Foi assim, então, que aconteceu: um velho galho enorme, grosso e negro caiu sobre a sua asa direita e o deixou paralisado. No exato momento em que seus amigos partiram, sob a luz azulada de Sirius, a estrela mais brilhante do Cão Maior, a joia mais luminosa do céu e a luz avermelhada de Antares, o farol que forma o coração do Escorpião. Num céu incrível, não se sabe bem ao certo e por que motivo, eles saíram tão cedo daquela vez.

Foi então que um enorme buraco cresceu em seu peito com as nuvens espessas que podem cobrir o Sol. Sob a luz clara da manhã, Inácio desfaleceu.

Sonhou com o pai, Aristódio, que, ao voar, viu seu filho desfalecido na praia. Então, o pai aproximou-se e perguntou:

— Filho, você pediu para não voar? Você pediu para não migrar? Você queria o quê? Você queria, por acaso, se sentar, meu amado? Você é um falcão peregrino. Nós nascemos para preencher esse espaço entre o céu e a Terra e brilhar como fazem as estrelas do céu ao anoitecer. Você vai ficar chorando ou lutará, crescerá e irá ter humildade, pedir a Deus e esperar heroicamente que a natureza faça o seu trabalho? A natureza sempre conspira para a vida, filho meu.

— Pai, me perdoa.

— Filho, todos os pais aprendem a perdoar depois que seus filhos nascem.

— Obrigado, meu pai. O espaço verá o mais valente falcão peregrino da história cruzar os ares. Vou aguardar ao lado de Kxsandra — que estava a lhe beijar as raques de suas asas.

E, de repente, puf!, Inácio se levantou, alçou voo e, como um falcão peregrino, voltou a voar a 220 km/h.

Saiu alucinado pelo espaço. Ao longe, seu pai, então, com uma ligeira piscadela, sorriu. Não era mais um sonho. Inácio voava. Incrível como a realidade e o sonho podem ser irmãos de sangue.

Longe, Inácio avistou um pequeno pássaro e ali pousou. Era um nobre beija-flor paralisado temporariamente. Inácio disse:

– Calma, pequeno, você vai ficar bom.

E o pequeno beija-flor, chamado Martins, perguntou:

– Como você sabe? Preciso ver a minha amada e ela está tão longe daqui.

Inácio respondeu:

– Se ela for sua, haverá de te esperar. Creia-me, você vai voltar a voar.

– A natureza, Martins, acrescentou Inácio, torce pela gente. É a gente que não sabe. Segura firme, não demora tanto tempo assim. No final, até que passa rápido. O segredo de tudo isso é saber esperar. Estou indo atrás dos meus amigos e, na volta, eu te prometo, pararei aqui para ver se você se recuperou.

Puf! Como um cometa, Inácio partiu. Após dois dias de viagem, encontrou-se com aqueles seus amigos em sua viagem de migração.

Ah, estava tão feliz e sorridente que não se sabe quem realmente estava a voar, se era um falcão ou o próprio Deus. Muitas falas e emoções e o que ele vê, logo abaixo? O pequeno Martins.

Inácio fez um sinal, como faziam no passado índios que ainda nem conheciam os cavalos:

– Está tudo bem, Inácio, meu irmão, respondeu Martins. Fique sempre com Deus. Os falcões enxergam melhor que qualquer animal.

E, lá ao fundo, então, a amada, fiel e eterna Kxsandra esperava aflita:

– Você saiu como um louco e não me disse nada.

– Perdão, meu amor, por um momento, com esse meu egoísmo, acabei me esquecendo de galantear o amor, me perdoe.

– Ah, querido, eu te perdoo quantas vezes forem, pois que eu nasci para amar e te perdoar, Inácio, meu idolatrado e belo falcão peregrino.

Capítulo XII

O mais feliz

Assim me senti
Tantas horas
Tantos dias
Em que vivi

Esse sentimento
Fruto do amor
Recebo tão leve
Assim como o vento

Patrícia oferece
Uma vida encantada
Que faz do tempo
A alegria de viver

São raros os momentos
Que não sinto esses mesmos ventos
Pois que essa brisa me acompanha
Em todos os sonhos que tenho por ela

A música e o Sol

A luz que vem do Sol transporta no colo o som, que chega de todos os lados, de todos os cantos, de todos os pássaros e animais, inclusive de nós que também sabemos cantar. Pena cantarmos tão pouco nos últimos tempos. Evidência de desumanização.

O Sol. Ah!, o Sol, bendito seja. O Sol não faz mal!!! O mal só existe dentro de nós. Diga-se ainda que qualquer coisa excessiva, experimentada, pode ser nociva à saúde.

A vida, porém, é quente. E sua trama é feita por uma conjunção musical. É somente por isso que a criação, ao existir, pode ser tão perfeita. Como podemos chegar a pensar que a nossa estrela faz mal a seus próprios filhos, pura reflexão dela mesma?

A alegria é a mesma, quer se olhe para uma estrela no céu, escute-se uma música na praia ou sinta nela calorosos raios de sol.

A música e o Sol não têm lei particular alguma. Aquecem e deleitam assim como a água sacia a nossa sede e o alimento extingue a nossa fome.

Estamos órfãos. Órfãos de filosofia!!! Prisioneiros da política, da economia, das leis e seus bilhões de incisos. Acho que, nessa eleição, vou votar nulo. Vou ouvir a voz do meu filho. O ser humano está sendo dominado e um dia acabará dizimado pelo poder da comunicação de massa. Esse monstro se desenvolve para nos iludir e invadir o mundo com as verdades que ele mesmo cria. E que não existem na natureza.

A mentira se apodera e a hipocrisia decreta que alguma coisa é assim, quando absolutamente não é.

Quando erra, nunca tem culpa. Mesmo porque, não sabe de nada. Tivemos um metalúrgico, presidente, que certo dia na *Forbes* exibiu uma fortuna incalculável. Que disse na cara de cada um de nós que não sabia de nada. Tão inocente. A luz nessas horas se envergonha e recusa-se a brilhar. O Sol se esconde atrás das nuvens e montanhas enquanto no ar não há mais música para se ouvir e acalmar o espírito.

O Sol é que decidirá. Se desaparecer, extingue a vida e todos nós. Mas, se encontrar motivos para continuar brilhando, continuaremos a vida e cada um de nós dará sequência à sua jornada particular.

Nos últimos 3 mil anos, a razão se desenvolveu rapidamente. Podemos estar simplesmente num mau momento e amanhã, quem sabe, possamos acordar sorrindo com sol e música. Quem sabe ao som de Amy Winehouse...

Lorde Ernest

Ernest e Marta sonhavam e dedicavam suas vidas ao destino mais ancestral da nossa origem. Eles sonhavam, logo após se apaixonarem, em ter um filho. A ansiedade dessa conquista acabou tornando esse sonho muito difícil.

Apesar do grande amor, Marta não conseguia engravidar.

Naquele ano, em meio a uma multidão, Ernest a tinha encontrado facilmente ao ouvir sua voz suavemente rouca.

E dessa vez teve a ideia de fazer algo diferente. Descer uma montanha enorme, de peito, numa velocidade incrível, e alcançar um lugar muito pouco conhecido por ser extremamente perigoso.

Ele disse a ela que a tranquilidade do lugar faria a diferença. E fez. Marta engravidou. E logo após partiu, deixando a Ernest os cuidados com o filho que viria, para encher-se de provisões com responsabilidade pensando no retorno.

Nasceu Pritto. Enorme. Com quase 30 centímetros. Nasceu adorando nadar e viajar. Além disso, tinha um dom: nasceu com a mente voltada para incríveis reflexões.

Ele sempre tinha certeza do que deveria fazer em qualquer momento. O seu caminho estava acima de qualquer obsessão. Do dever, do destino, era talvez uma questão ligada intimamente entre ele e a natureza.

Conhecia-se a si mesmo como ninguém. Era incapaz e capaz de voar ao mesmo tempo. Escolheu, assim como os seus ancestrais, viver no gelo e esnobar o voo pelo céu.

Pritto andava cambaleando graciosamente como um nobre pinguim imperador. Seu caminho era a natureza. Sabia que se tratava da união do céu com a Terra, mas, ameaçada a maioria dos pinguins, esse casamento primordial só se manteria se eles sobrevivessem.

Assim o cosmos reverenciaria a criação do belo, mais reluzente, assim como reluzem as cores no arco-íris ao entardecer acalorado e chuvoso.

Os pinguins adoeceram.

Certa noite, apesar de estarem todos bem unidos, apertados uns contra os outros, sentiam frio no interior de seus corpos. Ernest e Pritto perceberam que alguma coisa estava errada. O curso havia se alterado. Todos os seus irmãos estavam doentes e ameaçados de deixarem viúvas algumas milhares de fêmeas peregrinas. Elas seriam para sempre viúvas porque a família dos pinguins é enormemente melhor do que a nossa. Ela é literalmente fiel. A família dos pinguins é honesta. Não existe um único pinguim hipócrita na Terra.

Nesse momento, os amigos mais próximos de Ernest, Logus e Matheus, temiam que seus filhos, por mais que fizessem, talvez não sobrevivessem.

Pritto era simplesmente maravilhoso. Alto, um peitão largo, coberto por penas especiais mais brancas ainda que as dos demais. Jamais houve um pinguim imperador tão fofo, tão meigo, tão lindo e mágico.

— Meu Deus, suplicava Ernest. Não leve meu filho e a todos nós assim.

Mas foi justamente o jovem Pritto que, assumindo a hierarquia, tomou a decisão.

Antes mesmo de completar cinco anos de vida, assumiu a responsabilidade por toda a comunidade, numa dominação intra-animal que consiste no mais profundo conhecimento de sabedoria.

Daquele que se sabe que tudo faria para proteger sua sociedade.

Para o que der e vier.

Assim como seu pai Ernest, ele haveria de guiar os demais para o melhor lugar. E mais de uma vez ele deveria decidir por seus semelhantes.

E foi exatamente assim que aconteceu.

Pritto ordenou ao pai:

— Fiquemos mais juntos ainda sobre a terra, longe do gelo, da neve e da água fria — onde, naturalmente, viviam a maior parte do tempo de suas vidas.

Era sobre o gelo que incubavam seus ovos e alimentavam e protegiam suas crias. Obedecendo a Pritto, eles ficaram na terra. Ernest orientava com galhardia a todos, na periferia do grupo, para praticamente grudarem-se uns aos outros. Apesar de extremamente enfraquecido e febril, não parou um segundo na tarefa de organizar o grupo.

O calor então, finalmente, aumentou. Seus corpos aqueceram-se pelo contato mútuo. Ferviam, a febre era altíssima. Eles estavam contaminados por um vírus e o calor que sentiam já não era normal.

A decisão sábia de Pritto, com a força de seu pai, salvou a vida de milhares de pinguins. Pritto tomou a decisão certa, seguiu pelo caminho da inteligência para contrariar, para enganar, a própria natureza.

Ernest e Pritto, juntos, enganaram a natureza.

Foi aí que os pinguins passaram a chamar Ernest de Lorde. Afinal, o título de Lorde nasceu obviamente quando um comandante ofereceu a sua própria vida para salvar uma sociedade inteira. Sem pensar um segundo sequer em si mesmo.

Lorde Ernest e seu filho sabiam que os pinguins voltariam a

seguir caminho, voltariam a viver felizes e amar a vida, seguiriam seus ciclos tanto na terra quanto no gelo que cobre o mar.

Ao contrário de nós, pobres humanos, escravos de nós mesmos, desprovidos de tempo para viver, desprovidos da criação de cumplicidade, abúlicos e submissos, humilhados por poucos porcos senhores.

A escolha de ficar em terra feita por Pritto foi uma loucura, para pinguins, que normalmente toleram temperaturas tão baixas quanto 60°C negativos. Eles são muito mais água que terra. Todos, durante tamanha epidemia, escolheriam voltar para o mar, seguiriam um ciclo, caminho mais seguro para proteger seus filhos. O incrível nessa história é que Pritto não teve a menor dificuldade em convencer Ernest sobre sua mágica manobra, porque, acima de tudo, os dois eram reais pinguins imperadores.

Às vezes, a contramão na história da verdade faz surgir um novo desequilíbrio e, assim, faz emergir uma nova forma de energia, mesmo sem se importar se ela tem um Deus a lhe orientar.

Muitos pais e filhos pinguins sobreviveram.

Foi nesse exato instante que Patrícia, meu amor, disse-me que estudou sapateado. Pois nessa mesma manhã, enquanto Ernest nascia, ao som de Frank Sinatra e Amy Winehouse na varanda de uma pequena casa de campo, ela começou a dançar e sapatear como uma deusa.

Tanto é que eu, que estava ali, muito agradecido a Deus por tudo isso, pude ver a luz do Sol naquela manhã mais branca que nunca. Pois aquelas cenas profundas de uma deusa conseguiram iluminar mais ainda a luz do Sol.

Fizemos um brinde após esse momento, com vinho branco, supergelado, e um beijo quente. Quem sabe imitando os pinguins que vivem no gelo, mas com corações aquecidos pela coragem e determinação.

Lorde Ernest ficou muito orgulhoso. O ego não é pecado quando o espelho não espelha apenas a si mesmo.

Pritto, Logus, Matheus e todos os outros vibravam muito porque sabiam que viveriam. Dizimaram a epidemia com o calor dos seus próprios corpos. Nos pinguins, esse calor está sob as penas, que se irradiam diretamente rumo ao coração. Talvez tenha sido isso que Ernest compreendeu ao olhar nos olhos de seu filho, que escolheu ficar na terra naquela situação. Afinal, quem é que vai dizer que pode haver melhor medicamento que o calor do peito de um pinguim imperador?

Meu Deus, não deveríamos jamais pensar em matar um único pinguim. Manchar assim um arco-íris, manchar esse elo dourado entre o céu e a Terra. Diminuir a própria magia da nossa vida e, sobretudo, a deles.

Pritto cresceu.

Escolheu, numa noite turquesa, a mais bela duquesa. Chamava-se Esmeralda. Suas penas não poderiam deixar de ser especiais. Também eram mais brancas que todas as demais. Então, num assobio celestial, Pritto encontrou Esmeralda e, rapidamente, colocou-a num pedestal.

Esmeralda, ao ouvir som tão irresistível, fez de Pritto seu verdadeiro sereio do amor. Estavam ligados. Seriam fiéis eternamente. Simplesmente porque, em meio a não importa quantos milhares de pinguins estejam lá presentes, enquanto viver, ao andar, Esmeralda, sempre haverá de cambalear apaixonadamente para se encontrar com Pritto sem qualquer chance de erro, como ocorre com os pinguins.

E o tempo passará, como as areias da ampulheta.

E milhares de pinguins haverão de nascer. Que Deus os faça assim sempre, fiéis. Para nos ensinar que a beleza, a sinceridade e a fidelidade são almas gêmeas. Abaixo desse céu azul turquesa, sob um elo dourado da terra, sempre haverá um pinguim imperador.

Certo dia, ao ler Lorde Ernest para a Patrícia, ela me confundiu. Disse-me que um dia sentiu que eu mesmo fui Lorde por um dia.

O problema é que eu não posso saber ao certo, simplesmente porque realmente um dia tive um sonho. Que loucura! Pareceu-me tão real. Sonhei com um pinguim enorme, que devia ser imperador. Eu mesmo achei, naquele sonho, que naquele dia era esse pinguim. E que havia tomado uma decisão séria: teria ajudado a salvar mais uma vida.

É difícil saber se tudo isso é verdade ou mentira, porque Lorde Ernest foi um sonho que contei à Patrícia, que levantou a hipótese de sua origem, confundiu meu pensamento e deformou a realidade. Ficou em nós gravada a certeza de que, na realidade ou num sonho, o amor sempre será bem-vindo, assim como os pinguins imperadores, nos planos abissais do mar ou rebolando na terra.

Pra você, Patrícia
Todo o fogo da fúria do meu coração
Minha querida e eterna paixão